能力を最大限に発揮できる

独学による
論文の書き方

最上心瑛

まえがき

　人生100年時代、いくつになっても学ぶ幸せ「幸齢社会」の到来です。平均寿命、健康寿命が延びて時間はタップリあります。ここで、人生をさらに充実させるため知的習慣を身に付け、人として心豊かに楽しく学び続けることを考えてみませんか？「学ぶこと」とは「知識を得ること」なのです。それは、たくさんの本や大勢の人との交流から得られる情報としての知識、そこから得られる心の豊かさとしての教養なのです。この「学ぶこと」を続ける方法の一つに大学での学習があります。

　大学では、ものごとを体系化された学問領域について論理的に幅広く奥深く学べます。学ぶためには、論文書きが必須とされています。レポートの延長上に高度な論文が位置付けられます。論文書きに慣れるまでには時間がかかるとはいえ、大学教員から指導を受けている間に書くことに慣れ、論文書きのコツである論点をつかめるようになります。そうなると意外と早くにレポートや論文などをスラスラと書けるようになるものです。本書では、一般の大学生はもとより特に独学で論文書きが主となる通信制大学生に焦点を当て、論文書きのポイントをつかめるようアドバイスするものです。

　論文の書き方を指南する本の中で参考となるものはいくつかあります。しかしながら、本の多くには説明に具体性がなく説得力に欠けるものがあるのです。その内容は、通信制学生の立場を経験していない大学教員側からの視点・指導であって、的確に要領よく学習するための全体にわたる学習計画の立て方や学習法については、触れられていないのです。

　そこで、著者は、大学・大学院における通学生及び大学複数校での通信生としての学生経験があること、また、教員としての論文指導経験があること、さらには、Ｋ大学、Ｃ大学、Ｔ大学の通信生への家庭教師的な経験があることから、これまでの各学部の学習経験を活かしてアドバ

イスをすることとしました。特に、通信生の立場、また、教壇で指導者の立場を経験してきた者として、通信生時代に独学で苦労していたときの実際の手記ノートでの記録を整理し、写真を入れて視覚化して伝えることにしました。これにより、「能力を最大限に発揮できる方策」として的確なアドバイスができるものと確信しました。

　このことから、学習計画を含めたレポート・論文書きの基礎的・基本的な手法及びアカデミックライティングと併せて接続詞などに関する図書の紹介もすることとしました。手法や図書を知ることが労少なく最大の効果を確実に発揮できる方策といえます。本を出版するにあたっては、見て分かる形にするという理系の図解による発想に着目し、文字だけの文章を読まずに、瞬時で見て分かるよう文章、図表などで構造化を図り、書き方を工夫しました。

　学習をすること、知識を得ることは、人にとって大きな喜びとなります。特に大学における興味・関心のある分野での学習・研究を通して、能力を最大限に発揮できる論文書きの秘訣を知ることは、一生涯にわたっての生きる力となります。

令和元年（2019年）12月

著　者

4

目　　次

Tea Time

Tea Time　大学の歴史①
明治新政府の大学創設計画

　明治新政府は、新しい時代に即応する指導的人材の養成と欧米の学術・文化を摂取するため大学の創設を計画した。

　明治元年（1868年）、旧幕府の学校である昌平坂学問所（漢学・国学の最高学府）を昌平学校、医学所を医学校、開成所（洋学の最高学府）を開成学校としている。

　新政府はこれらの学校を総合して大学の創設を計画した。

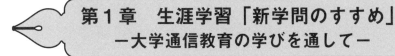

第1章　生涯学習「新学問のすすめ」
―大学通信教育の学びを通して―

　大学に入学したならば、レポートや試験に熱心に取り組んでいかなければならない。また、学習として歩みを止めずにいれば必ずや卒業というゴールが見えてくるはずである。レポートや論文を書くにあたっては、「能力を最大限に発揮できる方策」があることを知ることと、たゆまぬ努力が必要であると肝に銘ずることが最も大切なことである。特に、通信教育での学習については、「労少なく最大の効果を確実に発揮できる最良の方策」を知ることが重要である。

Ⅰ　学生としての心構え

1　学問の必要性

　人にとって、学ぶことは最高の行為であり心からの喜びがある。生涯において人や学問との多くの出会いを通して、学びから知識を得ることの楽しさや充実感を得ることができると、健康寿命を延ばすことにもつながるのである。日々学び心豊かに楽しく生きるために学習する努力を続けていくことが大切である。

　そのためには、自ら考え主体的に行動する能動的な学習であるアクティブラーニングを本来の学習として身に付けることである。アクティブラーニングのスキルには次の柱がある。

〈まとめる力〉（読む、調べる、書く、議論する、図解する、究める、など）、
〈発信する力〉（話す、発表する、伝える、対話する、自信をもつ、など）

2　学習時間の確保

　通信生としての週当たりの学習時間としては、仕事をしながらの人で40時間は可能である。平日4時間ずつ5日間、休日10時間ずつ

２日間と合計週40時間を確保できる。先ずは半分の週20時間の学習計画を立てることから始めてみる。多忙でも「毎日30分以上」の継続した学習が必要であって、歩みを止めないで学習を習慣化することが秘訣である。

3　机・本棚の配置

大学「専用学習机」を部屋のどこかに配置し、本・ノートは出しっぱなしで次回はいつでも直ぐに取りかかれるようにする。本棚の棚の長さは6ｍ分（内卒論2ｍ分）を確保する必要がある。本、書類関係は立てて置くとすぐに手に取れる。

4　学習計画の立案

計画を立てないと卒業は見えない。学習する科目の順番、試験日程なども併せて管理し、卒業計画、年間計画、月間計画などの全体の表をレポート用紙各1枚にまとめて専用ノートに貼って持ち歩く。このノートが自身の「分身ノート」でもある。

Ⅱ　レポート・論文の書き方、試験対策

1　レポートの書き方

レポートとは、文献・情報を要約し、意見・感想を述べるもの。書き方は、「である」調で書く。「です、ます」調ではない。また、主語と述語を合わせる（主語Ｓと動詞Ｖを合致させる）。さらに重要なことは、レポート材料となる資料を図書館などから苦労して集めることである。次にキーワードを主にして段落ごとに書き、段落の順番を入れ替えるなりして適切な接続詞でつなげる。レポートや論文の構成は、〈はじめに、現状、課題、対応、まとめ〉などの順番で書き、問題点を分かりやすく把握し分析する。書き方として、アカデミックライティング日本語・英語の書き方が参考となる。

2　論文の書き方

　論文は、レポートとは異なり、既存の文献・情報や先行研究を調査し参照して「新しい説」を示し、体系的で論理的となる学術論文とする。参考文献には、本と学術論文を柱にする。書き方で参考となるのは、各大学発行の『大学紀要』、政府刊行物『環境白書』などの『○○白書』などである。

3　資料の集め方

　資料は、『○○大学紀要』、『○○白書』、『○○学会誌』、大学ネット検索、インターネット CiNii 検索などがある。他には、図書館司書への相談により得られる資料もある。司書からの情報は貴重である。

　CiNii は、国立情報学研究所（NII）が運営する学術データベースで、学術論文、博士論文、学会・協会の刊行物、大学の研究紀要、各種雑誌・図書などの学術情報が検索できる。

4　教科書の精読

　配本教科書は最初に全部読む。重要箇所であるポイントのある行の頭にカッコ半円（　マークを鉛筆で付け、二度目以降はポイントのみを読む。

5　試験対策

　試験範囲は、レポート用紙何枚かにまとめる。試験対策は、試験過去問を学校側作成の配布冊子などから入手し研究する。試験範囲は体系的に構造化して整理し理解を深める。試験当日は早朝から学内会場入りし、控室で学習の準備運動として頭の回転を最高潮に達するよう、まとめたものに目を通しフル回転させておく。

◀ Ⅲ　図書館の活用

1　図書館の活用

　大学図書館、国会図書館などを主に活用し、地元の公共図書館を

併用する。本を検索し、レポート書きに参考書約10冊は準備したい。また、○○学会や学術論文を検索し参考資料とする。出所である出典が分かるように参考部分のコピーはA3版に拡大し、科目ごとレポートごとにファイルして保管する。奥付も忘れずにコピーする。

2 『大学紀要』必見

大学教員の論文集で全大学が毎年発行している『大学紀要』は大変参考となる。学者の論文の書き方や新しい見解が分かる。大学紀要は論文として最良の手本である。

Ⅳ 卒業論文

1 卒業論文のテーマ決め

卒論テーマを選定するには、最初に研究したい全体像を2000字程度で気楽に書いてみる。その後、同じ内容となるよう書き改めて字数を減じていく。字数を2000→1000→500→200→100→50→20字に縮めて書いていくと、最後の20字にはキーワードが残り、これがテーマとして絞り込まれる。テーマの主題・副題にはキーワードがぎっしり詰まった形となる。

2 先行研究の調査

テーマの選定にあたっては、先行研究の調査として既に国内・国外に向けて発表されている論文を調査して、世界中に同じようなテーマでの研究がないことを確認する。

3 研究構想図の作成

卒論テーマを決め先行研究の調査を終えたなら、研究構想図を描きさらに流れ図にすることで、研究全体の流れが図1枚にまとまり分かりやすく整理される。

V　卒業後の継続学習

1　大学再入学

　卒業後は、再度大学の学習へとつなげることができる。学士入学として他大学にも三年次専門課程から入学することができるほか、大学での通信課程、通学課程などの科目等履修生として好きな科目について学習することもできる。また、大学院への進学へと発展させることもできる。

2　資格取得

　大学を卒業すると、「○○学士」の称号が与えられる。在学中に学習と関連する資格へ挑戦することもできる。

3　趣味講座

　学習の場として、地域にはサークルやカルチャーセンターがある。趣味も多岐にわたる。

　また、大学が開講する大学公開講座がある。全国の大学で行われている。

Tea Time　大学の歴史②
学制における高等教育

　明治五年（1872年）八月に公布された学制の内容は、「大中小学区ノ事」などの六項目によって構成されている。

　大学は「高尚の諸学」を教える「専門科の学校」とし、学科は理学・文学・法学・医学の四学科とされた。

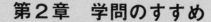

第2章　学問のすすめ

　人にとって学ぶこととは、ものごとを知る行為として最も大切なことである。それも体系的に学ぶことによって人は変容し言動に変化が生まれる。学問とは体系的に積み重ねられた知識を一つずつ学ぶことである。学問分野には、人文科学、社会科学、自然科学がある。学問を通して知識や技術によって自分や他者をより良くすることが教育である。教育に関する法律関係は教育基本法を踏まえて制定されている。ここでは、特に大学での教育を中心について述べることとする。

　文部科学省では、教育基本法の精神にのっとり、国民一人一人が自己の人格を磨き、豊かな人生を送ることができるよう、その生涯にわたって、あらゆる機会に、あらゆる場所において学習することができ、その成果を適切に生かすことのできる社会の実現を目指している。

　学問を行うにあたっては、教育基本法における、教育の目的、生涯学習の理念、大学に関する条文に触れながら、学問の必要性、生涯学習、健康寿命について述べることとする。特に、大学に関して重要なキーワードを次に列挙する。〔人格の完成、平和で民主的な国家、心身ともに健康、人格を磨く、あらゆる場所において学習する、大学、学術の中心、高い教養と専門的能力、真理を探究、新たな知見を創造、社会の発展に寄与〕

　ここでは、学問の必要性に触れ、健康寿命の延命を意識しつつ、生涯にわたって学習することの必要性についてまとめてみた。

【教育基本法】（昭和二十二年法律）抜粋
（教育の目的）第一条／教育は、人格の完成を目指し、平和で民主的な国家及び社会の形成者として必要な資質を備えた心身ともに健康な国民の育成を期して行われなければならない。
（生涯学習の理念）第三条／国民一人一人が、自己の人格を磨き、豊かな人生を送ることができるよう、その生涯にわたって、あらゆる機会に、あらゆる場所において学習することができ、その成果を適切に生かすことのできる社会の実現が図られなければならない。
（大学）第七条／大学は、学術の中心として、高い教養と専門的能力を培うとともに、深く真理を探究して新たな知見を創造し、これらの成果を広く社会に提供することにより、社会の発展に寄与するものとする。

◀ I 学問の必要性

1 福澤諭吉著『学問のすゝめ』について

　「人は生まれながらにして貴賤・貧富の別なし。ただ学問を勤めて物事をよく知る者は貴人となり富人となり・・・勤むべきは人間普通日用に近き実学なり・・・身も独立し、家も独立し、天下国家も独立すべきなり」と、近代国家・近代市民へと導くものであった。

2 文部科学省がいう学問の意義について

　学問の意義は、個人の知的好奇心を満たすということを超えて、人類共有の知的財産の拡大を意味している。学問には自分を作り上げていくこと、確立していくことの教養であり、このような教養による人間形成を通じての社会の形成である。

3 高等教育の役割について

　大学学部段階においては、初等中等教育における「自ら学び、自ら考える力」の育成を基礎に「課題探求能力の育成」を重視するとともに、専門的素養のある人材として活躍できる基礎的能力等を培うことを基本とする。

（1）課題探求能力が求められている。それは、「主体的に変化に対応

し、自ら将来の課題を探求し、その課題に対して幅広い視野から柔軟かつ総合的な判断を下すことのできる力」の育成に重点を置いて、教養教育を重視するとともに、専門教育の有機的連携を図る。

(2)　教養教育の重視に当たっては、「様々な角度から物事を見ることができる能力や、自主的・総合的に考え、的確に判断する能力、豊かな人間性を養い、自分の知識や人生を社会との関係で位置付けることのできる人材を育てる」という教養教育の理念・目的の実現のため、教養教育の在り方について考えていくことが必要である。また、幅広い知識と豊かな人間性をかん養するためには、学生生活全般を通じて学生が学んでいくことが重要である。

(3)　今後の課題について検討していく必要があることとして、次のように述べている。社会人が社会・経済の変化などに応じて大学で再学習し、その後のキャリアに生かしていくことを促進するなど、生涯学習社会の一層の進展に対応した大学の在り方を検討していく。

Ⅱ　健康寿命

　日本の平均寿命と健康寿命は、今や世界トップクラスにある。特に、健康寿命では、知的行動習慣をつけることなどが大切である。

1　『厚生労働白書』での平均寿命と健康寿命について

(1)　我が国の平均寿命は、戦後、生活環境の改善や、医学の進歩により急速に延び、2016（平成28）年の平均寿命は、男性80.98年、女性87.14年と世界トップクラスの長寿国となっている。「健康上の問題で日常生活が制限されることなく生活できる期間」である健康寿命についても、2016（平成28）年時点で、男性72.14年、女性74.79年と世界トップクラスである。

(2)　健康寿命を延ばすために重要なこととして、「適度に運動すること」「健康診断の受診など自己の健康状態の把握」「身の回りのことを自分ですること」「文章を書く・読む、ゲームをする、脳トレなどにより知的行動習慣をつけること」「仕事やボランティアなどにより社会で役割を得ること」などが挙げられる。

2　健康寿命を延ばすことについて

　健康寿命については、平均寿命との関係や、延命のための方策が示されている。ここでは、日本成人病予防協会、安村禮子氏『健康寿命を延ばすには』の概要を述べる。

　健康寿命を延ばすことについては、平均寿命を延ばすだけでなく、不健康期間を減らすことが重要であると考えられている。そのためには、早い時期から健康な生活習慣を確立し、「からだのメンテナンス」「健康増進、発病予防」という一次予防の考え方を持って生活することが大切な時代になってきた。

　そのため、高齢者の健康作りで大切な点を挙げている。

(1)　体育 – 生涯体育、適切な休養
(2)　食育 – 栄養、おいしさ、咀しゃく、コミュニケーション、免疫
(3)　知育 – 老いの受容、社会参加、生涯学習
(4)　環境 – 乗り物、住居

◁ Ⅲ　生涯学習

　文部科学省の生涯学習社会の実現として、生涯学習の在り方についての概要である。

1　生涯学習について

　「生涯学習」とは、一般には人々が生涯に行うあらゆる学習、すなわち、学校教育、家庭教育、社会教育、文化活動、スポーツ活動、レクリエーション活動、ボランティア活動、企業内教育、趣味など

様々な場や機会において行う学習の意味で用いられる。また、人々が、生涯のいつでも、自由に学習機会を選択し学ぶことができ、社会として「生涯学習社会」という言葉も用いられる。

2　国民一人一人の生涯を通じた学習の支援について

　文部科学省では、国民一人一人が生涯を通して学ぶことのできる環境の整備、多様な学習機会の提供、学習した成果が適切に評価されるための仕組みづくりなど、生涯学習社会の実現のための取組を進めている。

⑴　放送大学の充実・整備

　　放送大学は、大学教育の機会を幅広く国民に提供するためBSテレビ・ラジオの放送やインターネット等を利用しており、いつでも誰でも学ぶことができる。このように、我が国の生涯学習の中核的機関として大きな役割を担っている。

⑵　大学における生涯学習機会の提供

　　生涯学習社会の実現に向けて、各大学（短期大学を含む）においては、地域・社会における「知の拠点」として、社会人入試、夜間・昼夜開講制、科目等履修生、通信教育、履修証明制度（学生以外の者）、公開講座などを実施している。

3　長寿社会での学習について

　生涯学習の在り方について（文部科学省／平成24年03月）の概要を述べる。

⑴　長寿社会では、各個人が自分の価値や必要に応じて、いつでもどこでも一生涯にわたって学び続け、新たな価値を生み出し続け、変化し続け、自分を実現し続けることで、より豊かな社会へとつくり出していくことが求められる。そのための学びこそが、生涯学習である。生涯学習も、この社会に生きるすべての人々が自分らしく生き、この社会を変化に富んだ、価値豊かな社会へとつくりだしていくために必要な学びである。

(2)　長寿社会を生きる一人一人が、生涯学習を通じて、元気で魅力
　　ある「幸齢者」として、いくつになっても、生きがいをもって、
　　充実した人生を過ごすとともに、「新しい公共」を支える「人財」
　　として活躍することが期待されている。人生100年、いくつになっ
　　ても学ぶ幸せ「幸齢社会」の到来である。

4　人生100年時代の社会人基礎力について

　　人生100年時代になり学校卒業後の新人・中堅・中高年の社会人に
　対し、社会での基礎能力を「伸ばす場」が提言されている。経済産
　業省が発表した「社会人基礎力」(2006年) である。さらに、「新・
　社会人基礎力」(2018年) を打ち出している。

　　「人生100年時代の社会人基礎力」育成の担い手としての「伸ばす
　場」である教育機関としては、専門職大学院 (MBA、ロースクール
　等)、大学院 (修士課程、博士課程)、専門職大学・短大 (2019年度
　開学)、大学 (学士課程等)、専修学校 (専門学校等)、民間研修・教
　育事業者が挙げられている。

(1)　社会人基礎力について

　　「社会人基礎力」として、3 の能力、12の能力要素が示された。
　企業・組織・社会との関わりの中で求められる能力と能力要素は
　次のとおりである。

　①　〈考え抜く力 (シンキング)〉
　　　課題発見力、計画力、創造力

　②　〈チームで働く力 (チームワーク)〉
　　　発信力、傾聴力、柔軟性、情況把握力、規律性、ストレスコ
　　　ントロール力

　③　〈前に踏み出す力 (アクション)〉
　　　主体性、働きかけ力、実行力

(2)　人生100年時代の新・社会人基礎力について

　　「社会人基礎力」については、現代ではさらに重要性を増してお

り、有効との考えである。また、「人生100年時代」ならではの新たな切り口、視点が必要となってきている。そこで、「新・社会人基礎力」を打ち出している。この定義は、「これまで以上に長くなる個人の企業・組織・社会との関わりの中で、ライフステージの各段階で活躍し続けるために求められる力」である。

　新人社会人、中堅社会人、中高年社会人を対象に、ライフステージの各段階で意識する内容が求められている。その他にも、企業、組織、現場での「伸ばす場」がある。

① 《何を学ぶか》
　　学び続ける力、「OS」と「アプリ」、マインドセットとキャリア・オーナーシップ
　・自らが付加価値を生み出すための学びは何か。
　・社会や技術の変化に対応するための学びは何か。
　・持続的に活躍し続けるために必要な学びは何か。

② 《どのように学ぶか》
　　リフレクションと体験・実践、多様な能力を組み合わせる
　・多様な人と出会い、視野を広く持ち、多様な機会を得ているか。
　・多様な人との関係性を構築し、価値の創出に向けて組み合わせているか。
　・多様な人との関係性を活用し、活躍の場や活動の領域をこれまでより広げているか。

③ 《どう活躍するか》
　　自己実現や社会貢献に向けて、企業内外で主体的にキャリアを切りひらいていく
　・組織や家庭との関係でどんな自分でありたいか。
　・自己実現するためにどのような行動が必要か。
　・これまでの経験を踏まえ自らが社会に提供できる価値は何か。

- **「OS」**／時代に応じて自ら随時アップデートしていくことができる人材。どのような組織・企業等においても、自らの能力を最大限発揮するための「社会人基礎力」（＝いわゆる人材としての「OS」）のこと。

- **「アプリ」**／「OS」のアップデートを行うことに加えて、技術や産業の最新の動向を踏まえた知識・スキル、つまり「アプリ（アプリケーション）」を最新の状態にアップデートする学び直し（リカレント教育）のこと。

- **「マインドセット」**／変化が激しく、また想定外の変化にも直面しやすい環境の中では、自らの経験やスキルを発揮し、アウトプットを出していく上で、ものの見方や考え方の枠組みのこと。

- **「キャリアオーナーシップ」**／「人生100年時代」においては、個人一人ひとりが「自らのキャリアはどうありたいか、如何に自己実現したいか」を意識し、納得のいくキャリアを築くための行動のこと。

- **「キャリア」**／「自ら作り上げるもの」という主体的な認識の下、自らの働き方、獲得すべきスキルや発揮する場面などを常に意識し続けるとともに、自らに時間やお金を投資（人材資本への自己投資）していくこと。

- **「リフレクション」**／日々の経験や他者との関わりの中から学ぶことが重要であり、また、定期的に自らを振り返ること。

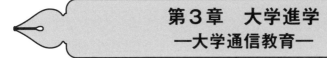

第3章　大学進学
―大学通信教育―

　大学へ進学する方法には、いくつかの道がある。地理的な立地、通学制度の通学制・通信制など、授業時間帯の昼間・夜間部などである。その一つに通信制の学部学科がある。

　大学通信教育は、学校教育法によって昭和22年に制度化され、昭和25年に通信教育が開始され今日に至っている。平成に入ってからは大学院の修士・博士課程を開設している。大学通信教育は、いつでも、どこでも、だれでも、何でも学べる教育環境にある。

　大学通信教育を行っている学校数は、文部科学省のデータにおいて、全国で大学44校、大学院27校、短期大学11校である。人数は約24万人が学んでいる。大学通信教育は、向学心を持った社会人の再学習や生涯学習の場として、開かれた高等教育機関であるといえる。ここでは、通信制大学に関する制度などについて紹介するとともに在籍している学生の声を紹介する。

　高等教育機関（大学・短大・専門学校）に進学する率は、年々増加し過去最高となっている。これらのデータは、文部科学省の平成30年度学校基本調査の高等教育機関に関する結果である。調査結果から、大学生約21万人（男子45.2％、女子54.8％）、短大生約2万人で、入学者数は増加している。

　大学の目的としてのキーワードは、学術、学芸、研究、知的、寄与である。大学進学の目的を改めて自覚することと、大学教育には、専門の学問を通して一般教養全般を研究し、知識・知性に富む人になり、社会や人のために役立つことが求められていることを認識することが重要である。

Ⅰ 学校教育法

　学校教育法とは、教育基本法に基づいて、学校制度の基本を定めた法律である。この法律の中に大学に関連する条文がある。

【学校教育法】
大学
（第八十三条）　大学は、学術の中心として、<u>広く知識を授ける</u>とともに、<u>深く専門の学芸を教授研究し、知的、道徳的及び応用的能力を展開させる</u>ことを目的とする。
②　大学は、その目的を実現するための教育研究を行い、その<u>成果を広く社会に提供する</u>ことにより、<u>社会の発展に寄与する</u>ものとする。
（第八十四条）　大学は、<u>通信による教育を行う</u>ことができる。
（第八十六条）　大学には、<u>夜間において授業を行う学部又は通信による教育を行う学部</u>を置くことができる。
（第九十九条）　大学院は、学術の理論及び応用を教授研究し、その<u>深奥をきわめ</u>、又は高度の専門性が求められる職業を担うための<u>深い学識及び卓越した能力を培い</u>、<u>文化の進展に寄与する</u>ことを目的とする。
②　大学院のうち、学術の理論及び応用を教授研究し、高度の専門性が求められる職業を担うための深い学識及び卓越した能力を培うことを目的とするものは、専門職大学院とする。
（第百七条）　大学においては、<u>公開講座の施設を設ける</u>ことができる。
②　公開講座に関し必要な事項は、文部科学大臣が、これを定める。

Ⅱ 学校基本調査

1　学校に関する基本的事項

　文部科学省は、学校教育行政に必要な学校に関する基本的事項を明らかにすることを目的として、調査を昭和23年度より毎年実施している。

　平成30年度調査結果の概要である。

⑴　在学者数

　①大学は290万9千人で、前年度より1万8千人増加。

⑵　高等教育機関進学率等

①高等教育機関進学率は81.5%（前年度より0.9ポイント上昇）で過去最高。

②大学・短大進学率は57.9%（前年度より0.6ポイント上昇）で過去最高。

③大学（学部）進学率は53.3%（前年度より0.7ポイント上昇）で過去最高。

④専門学校進学率は22.7%（前年度より0.3ポイント上昇）。

2　大学通信教育データ

「平成30年度学校基本調査／文部科学省」での通信教育関係大学・大学院・短期大学の通信教育に関するデータである。

⑴　学校数

通信による教育を実施している学校は、大学 44 校、大学院 27 校、短期大学 11 校で、前年度と同数である。うち大学と大学院の両方で通信教育を行う学校は 18 校で、前年度と同数である。

⑵　学生数

学生数は大学 208,478 人（男子 94,177 人、女子 114,301 人）、大学院 8,388 人（男子 4,828 人、女子 3,560 人）、短期大学 21,458 人（男子 4,665 人、女子 16,793 人）で、前年度より大学は 156 人増加し、大学院は 190 人、短期大学は 1,048 人減少している。

①正規の課程の学生数は、大学 162,468 人（男子 74,517 人、女子 87,951 人）、大学院 3,910 人（男子 2,323 人、女子 1,587 人）、短期大学 18,227 人（男子 4,196 人、女子 14,031 人）で、前年度より大学は 619人増加し、大学院は 51 人、短期大学は 2,243 人減少している。

②正規の課程の学生の関係学科構成比をみると、大学では「社会科学」が 22.9%で最も高く、次いで「教育」11.6%等の順である。また、大学院修士課程では「人文科学」が 18.5%で最も高

く、次いで「社会科学」17.9％等の順、大学院博士課程では「人文科学」が 19.5％で最も高く、次いで「教育」が 9.3％等の順である。短期大学では「教育」が 64.1％で最も高く、次いで「社会」が 28.1％等の順である。

(3) 入学者数（正規の課程）

正規の課程の入学者数は、大学 15,106 人（男子 7,404 人、女子 7,702 人）、大学院 1,247 人（男子 721 人、女子 526 人）、短期大学 6,169 人（男子 1,266 人、女子 4,903 人）で、前年度より大学は 1,595 人，短期大学は 166人増加し、大学院は 57 人減少している。

Ⅲ　大学通信教育課程の概要

1　大学通信教育課程の内容等は、私立大学通信教育協会がまとめている。

(1) 学習方法

学習方法は、大学通信教育設置基準（文部科学省令）によって、①印刷教材等による授業、②放送授業、③面接授業、④メディアを利用して行う授業、がある。

(2) 履修方法

学ぶ目的や動機、入学資格などによって、大学や短期大学の卒業を目指す正科生以外にも、特定の科目を履修する科目履修の方法がある。

(3) 入学から卒業

入学から卒業までの流れは、入学志願書→書類選考→入学→履修科目申請→教材配本→授業（面接、メディア、教科書）→レポート提出→レポート添削・返却→レポート合格→単位修得試験（筆記、論文）→卒業論文→総合面接試験→卒業である。この流れは、大学によっては異なることがある。また、大学卒業者の大学再入

学は学士入学者として大学規定によって単位が一部認定され、一般科目が免除され3年次編入となる。

(4)　卒業

　　卒業要件は、124単位以上修得である。卒業試験に合格し教授会を経て卒業が決定する。また、卒業の時期は9月、3月がある。

2　大学通信教育の概要と学生の声（☆）、実態調査（□）（私立大学通信教育協会HPから）

(1)　大学通信教育

> 大学通信教育の概要と、学生の声をご紹介します。
> なぜ大学通信教育で「学ぶ」のか、実際に学ぶ先輩たちに聞いてみました。

　　○昭和22年、学校教育法により制度化

　　○昭和25年、正規の大学教育課程として認可

　　○いつでも、どこでも、だれでも、学びたい時、キャンパスはそこにあります

　　○可能性を広げる大学通信教育

　　○なぜ「学ぶ」のか？

　　　☆自分に何か足りないものがあると感じた。

　　　☆教員免許の取得を目指す。

　　　☆自動車に関する仕事をしているので関連する法律を体系的に理解したかった。

　　　☆大卒資格、職業資格、知識技術、その大学、教養、生涯学習、動機なし。

(2)　目的にあった様々な履修方法

> 大学通信教育では、大学卒業資格を得るための総合的な学習や必要な科目を選択して効率的に学ぶ方法までカバーされており、目的に合わせて様々な履修方法があります。
> 大学通信教育の編入学を選んだ先輩の声も合わせてご紹介いたします。

○正科生、聴講生（科目等履修生）、科目別履修（科目等履修生）、
　　特修生（科目等履修生）
　　○編入学・再入学・転入学可能
　　☆工学部から教育学部への転身を目指して３年次に編入学
　　☆通信教育で短期大学を卒業　その後、大学の３年次に編入学
（3）　授業方法　～　印刷教材等による授業

大学通信教育の主な授業方法は、印刷教材等による授業です。卒業までの学習のうち、約４分の３がこの方法で行われます。
先輩たちはこの授業方法にどのようなメリットを感じているのでしょうか？

　　○ニーズに合わせた学習方法
　　○印刷教材等による授業、面接授業（スクーリング）、メディアを
　　利用して行う授業
　　☆自分の都合にあわせて勉強のスタイルを変えられる。
　　○通信教育の授業方法のメリット
　　☆時間や場所に制約されない。
　　☆時間がとれるときにまとめて勉強できる。
　　☆平日は通勤時間、休憩時間を活用　休日の夜はなるべく勉強
　　する。
　　☆インターネットを使った授業などもあるので家で学習する上
　　で自分のペースを掴みやすい。
　　○大学通信教育はどういう点で優れた制度だと思うか
　　□いつでも学べる、学費が安価である、生活や仕事に応じて学
　　べる、誰でも学べる、どこでも学べる、学びたい内容が学べ
　　る、希望の大学に入学できる、など。
（4）　人とつながる大学通信教育　～　面接授業、サポート体制、学生会

大学通信教育の授業方法には、面接授業もあります。先生と対面することで理解促進につなげるほか、グループワークなどを通じて同じ目

的を持つ学生に出会えることも通信教育学生にとって大きな役割を担っています。
充実した学習指導・サポート体制が各校にあり、同地域の学生で集まる学生会なども開かれます。大学通信教育は孤独な学習ではなく、人との交流機会にも恵まれています。

○学びを深める面接授業
　☆面接授業（スクーリング）一定の期間、指定された場所に通学し、教員から直接指導を受ける。
○スクーリングのメリット
　☆友人と切磋琢磨することで勉強のペースがつかめた。
　☆授業を受ける事で、教科書のどの部分が大切なのか、はっきりする。
　☆スクーリングで知り合った人との繋がりが支えとなり、勉強の糧となる。
　☆実務にそった授業が参考になる。
　☆友達、知り合いが増える。
　☆様々な人と知り合えた事で勉強以外に良い経験を得られた。
○スクーリングの種類
　☆昼間スクーリング、夜間スクーリング、通年スクーリング、地方スクーリング、土日曜スクーリング。
○メディアを利用して行う授業
　☆メディアを利用して行う授業としてインターネットを活用した授業やテレビ会議式の遠隔授業も行われています。
○大学のサポート体制について
　☆先生やインストラクターが学習の指導や相談にのってくれる。
○通信教育の学習指導について
　☆レポートの結果が合否を伝えるだけでなくしっかり添削されて戻ってくる。

○学生会について

　　☆いろいろな行事に参加したり同じ地域の人達と親睦を深める。

　　☆勉強会を開いて学習につながる活動をしている。

(5)　これから大学通信教育で学ぶ方へ

「学ぶ」ことの成果を感じるときや大学通信教育で「学ぶ」意義など、大学通信教育で学んだからこそ得られた経験を学生たちに語ってもらいました。未来を自分で創るための選択肢、それが「大学通信教育」です。

○大学の勉強は難しいですか？

○「学ぶ」その成果を感じる時とは？

○これから大学通信教育で学ぶ方へ

○あなたにとって大学とは？

○「学ぶ」事、そして未来の可能性を広げたい

○未来の自分を創るために選ぶ方法、それが大学通信教育

○果てしなく広がる可能性　そして新しい選択肢

(6)　合同入学説明会

大学通信教育を実施している大学・大学院・短期大学が合同で入学説明会を開催します。大学・大学院・短期大学別に個別相談形式で行われますので、時間内でしたらいつでもお出かけ下さい。参加申込不要。入場無料。なお、この合同入学説明会に参加しなくても入学することはできます。疑問や質問があれば、希望する大学・短期大学にいつでも電話でご相談下さい。

(7)　公益財団法人 私立大学通信教育協会

○目的

　　この法人は、通信教育課程を設置する私立大学相互の協力によって、大学通信教育の振興を図ることを目的とする。

○事業

　　この法人は、前条の目的を達成するために、次の事業を行う。

①大学通信教育に関する内外の資料の調査、研究及びその成果の刊行

②大学通信教育の質的向上と学習環境の改善

③大学通信教育のための教材等の開発と刊行

④大学通信教育の周知及び普及のための説明会の実施及び資料の刊行

⑤その他必要な事業

3　通信教育を実施している大学一覧

　文部科学省は、「大学通信教育基礎資料集」をまとめている。関係法令、通知に至るまでの膨大な情報量である。この中で、「通信教育を実施している大学一覧」（平成24年4月1日）として、44大学の所在地、大学名、学部、学科、設置年などを一覧としている。

別紙① 通信教育を実施している大学一覧

Ⅳ　関連図書

大学進学にあたっての参考図書をいくつか挙げておく。

1　橘木俊詔著『学歴入門』河出書房新社、2013年

　人はなぜ教育を受けるのか、大学で何を学ぶべきなのか、などについて書かれていて、どこの学校を卒業したかが重視された時代は以前の話で、今や学校で何をどれだけ勉強してきたかが重視される時代になりつつあることを強調している。

2　樋口美雄著『大学に行くということ、働くということ』岩波書店、1999年

　社会が変わる、そして働き方が変わる、大学が変わる、ということについて、働くための新しい知識の源泉などや生涯学習の時代に触れている。

3　花岡正樹著『定年進学のすすめ』花伝社、2010年

定年後について考える人たちに、大学を利用してみて下さい、と定年進学を勧めている。自由な学びとしての場である通信制大学について、再教育や生涯学習の場として門戸が開かれていることを解説している。学べるジャンルも豊富で取得可能な資格も充実している。

4　小林雅之著『大学進学の機会』東京大学出版会、2009年

日本の大学進学には、国公私立別、専門分野別など、現在ではなお所得階層や地域間で格差が存在していることを明らかにしている。

5　週刊朝日著『キャリアを切り拓く 大学院・大学・通信教育2014』 　　朝日新聞出版、2013年

やりたいことがつかめた、社会人大学院修了生として、何人かのBefore/Afterを取上げている。さらに、通信制大学・大学院の学びシステムと魅力を検証している。仕事に役立つ幅広い分野を学べることを強調している。

別紙① 通信教育を実施している大学一覧（文部科学省HP／大学通信教育基礎資料集）

通信教育を実施している大学一覧

（1）学部（44大学）※募集停止の大学を除く

所在地	大学	学部	学科	入学定員	編入学定員			備考	
					2年次	3年次	4年次		
北海道	星槎大学	共生科学部	共生科学科	770	5	30	5	H15.11.27	星槎大学（通信教育課程）設置
北海道	北海道情報大学	経営情報学部	経営ネットワーク学科	400				H5.12.21	通信教育部設置
			システム情報学科	800				H15.4.1	学科名改称
宮城県	東北福祉大学	総合福祉学部	社会福祉学科	600				H13.12.20	通信教育部設置
			福祉心理学科	200				H18.4.1	総合福祉学部社会教育学科学生募集停止
茨城県	日本ウェルネススポーツ大学	スポーツプロモーション学部	スポーツプロモーション学科	220		60		H24.4.1	通信教育課程設置
栃木県	帝京大学	理工学部	情報科学科	200				H18.11.30	通信教育部設置
群馬県	東京福祉大学	社会福祉学部	社会福祉学科 社会福祉専攻	520	5	300	10	H11.12.22	通信教育部設置
			保育児童学科	500	110	80	20	H16.11.30	保育児童学科設置
		教育学部	教育学科	480	20	990	20	H18.11.30	教育学部設置
		心理学部	心理学科	400	5	350	10	H20.12.3	心理学部設置
								H21.4.1	社会福祉学部社会福祉学科福祉心理専攻学生募集停止
埼玉県	淑徳大学	国際コミュニケーション学部	人間環境学科 人間環境専攻	200		1,100		H20.12.24	通信教育部設置
			こども教育専攻	150		200			
埼玉県	人間総合科学大学	人間科学部	人間科学科	1,000				H11.12.22	人間総合科学大学（通信教育課程）設置
千葉県	聖徳大学	児童学部	児童学科	400		50		H12.12.21	通信教育部設置
		心理・福祉学部	心理学科	100		150		H17.4.1	社会福祉学科設置
			社会福祉学科	200		50		H18.4.1	心理学科設置
		人文学部	英米文化学科	100		20		H20.4.1	人文学部児童学科学生募集停止
			日本文化学科	100		20		H20.4.1	児童学部児童学科設置
東京都	慶應義塾大学	文学部	第1類（哲学を主）					S25.3.14	通信教育部設置
			第2類（史学を主）	3,000					
			第3類（文学を主）						
		経済学部		4,000					
		法学部	甲類（法律学を主）	2,000					
			乙類（政治学を主）						
東京都	創価大学	経済学部	経済学科	2,000				S51.2.10	通信教育部設置
		法学部	法律学科	2,000				S57.1.16	教育学部設置
		教育学部	教育学科	300					
			児童教育学科	700					
東京都	玉川大学	教育学部	教育学科	1,500				S25.3.14	通信教育部設置
								H13.12.20	教育学部教育学科設置
								H14.4.1	文学部教育学科学生募集停止
東京都	中央大学	法学部	―	3,000				S25.3.14	通信教育部設置
東京都	帝京平成大学	現代ライフ学部	経営マネージメント学科	220	20	30		H10.12.22	通信課程設置
								H17.4.1	学部学科名改称
東京都	東京未来大学	こども心理学部	こども心理学科	150		150		H18.11.30	通信教育課程設置
東京都	東洋大学	文学部	日本文学文化学科	1,000				S39.1.25	通信教育部設置
		法学部	法律学科	1,000				S40.12.27	法学部設置
								H13.4.1	文学部学科名改称
東京都	日本大学	法学部	法律学科	3,000				S25.3.14	通信教育部設置
			政治経済学科						
		文理学部	文学専攻	3,000					
			哲学専攻						
			史学専攻						
		経済学部	経済学科	1,500					
		商学部	商業学科	1,500					
東京都	日本女子大学	家政学部	児童学科					S25.3.14	通信教育部設置
			食物学科	3,000					
			生活芸術学科						
東京都	法政大学	法学部	法律学科	3,000				S25.3.14	通信教育部設置
		文学部	日本文学科					S30.1.20	文学部地理学科設置
			史学科	3,000					
			地理学科						
		経済学部	経済学科	3,000					
			商業学科						
東京都	武蔵野大学	人間科学部	人間科学科	400		1,200		H13.12.20	通信教育部設置
								H15.4.1	大学名改称

所在地	大 学	学 部	学 科	入学定員	編入学定員 2年次	3年次	4年次	備 考
東京都	武蔵野美術大学	造形学部	油絵学科	200	20	60		H13.12.20 通信教育課程設置
			工芸工業デザイン学科	150	15	45		
			芸術文化学科	100	10	30		
			デザイン情報学科	150	15	45		
東京都	明星大学	教育学部	教育学科	2,000				S42.3.25 通信教育部設置
								H22.4.1 学部学科名改称
埼玉県	早稲田大学	人間科学部	人間環境科学科	200				H14.12.19 通信教育課程設置
			健康福祉科学科	200				
			人間情報科学科	200				
東京都	産業能率大学	情報マネジメント学部	現代マネジメント学科	500		1,000		H6.12.21 通信教育部設置
								H18.4.1 大学名改称
								H19.4.1 学部学科名改称
神奈川県	八洲学園大学	生涯学習学部	生涯学習学科	800		400		H15.11.27 八洲学園大学(通信教育課程)設置
								H21.4.1 家庭教育課程、人間開発教育課程学生募集停止
岐阜県	中部学院大学	人間福祉学部	人間福祉学科	300		100		H14.12.19 通信教育部設置
愛知県	愛知産業大学	造形学部	デザイン学科	100		100		H7.12.22 通信教育部設置
			建築学科	100		200		H16.4.1 学科名改称
								H18.4.1 建築学科設置
愛知県	日本福祉大学	福祉経営学部	医療・福祉マネジメント学科	1,000				H12.12.21 通信教育部設置
								H14.7.30 福祉経営学部設置
								H15.4.1 経済学部経営開発学科学生募集停止
								H19.9.30 経営学部経営開発学科廃止
京都府	京都造形芸術大学	芸術学部	芸術学科	310				H9.12.19 通信教育部設置
			美術科	510				
			デザイン科	530				
京都府	京都橘大学	健康科学部	心理学科	180		180		H24.4.1 通信教育課程設置
京都府	佛教大学	仏教学部	仏教学科	300				S28.3.23 通信教育部設置
		文学部	日本文学科	300				S40.1.25 文学部設置(仏学部改組)
			中国学科	150				S40.12.27 文学部史学科設置
			英米学科	300				S42.1.23 社会学部設置
		歴史学部	歴史学科	150				S42.4.1 文学部社会福祉学科学生募集停止
			歴史文化学科	300				
		教育学部	教育学科	1,000				S42.12.28 文学部教育学科設置
		社会学部	現代社会学科	500				S56.1.16 文学部英文学科設置
			公共政策学科	500				H2.12.21 文学部中国文学科設置
		社会福祉学部	社会福祉学科	1,200				H6.12.21 社会学部応用社会学科設置
								H7.12.22 教育学部教育学科設置
								H8.4.1 文学部教育学科学生募集停止
								H13.4.1 文学部学科名改称
								H16.4.1 文学部人文学科、社会学部現代社会学科、公共政策学科、社会福祉学部設置
								H16.4.1 文学部学科名改称
								H16.4.1 文学部仏教学科、史学科、日本語日本文学科、社会学部社会学科、応用社会学科、社会福祉学科学生募集停止
								H21.3.31 文学部教育学科廃止
								H22.4.1 仏教学部仏教学科、文学部日本文学科、歴史学部歴史学科、歴史文化学部設置
								H22.4.1 文学部人文学科学生募集停止
大阪府	大阪学院大学	流通科学部	流通科学科	1,000				S45.1.21 通信教育部設置
								H13.4.1 学部学科名改称
大阪府	大阪芸術大学	芸術学部	美術学科	150		20		H12.12.21 通信教育部設置
			デザイン学科	100		20		H17.4.1 学科名改称
			建築学科	200		20		H22.4.1 初等芸術教育学科設置
			文芸学科	150		10		H24.4.1 放送学科、工芸学科、映像学科、環境デザイン学科学生募集停止
			音楽学科	200		40		
			写真学科	100		20		
			初等芸術教育学科	100		30		
大阪府	近畿大学	法学部	法律学科	2,000				S34.12.20 通信教育部設置
兵庫県	大手前大学	現代社会学部	現代社会学科	500		500		H21.10.30 通信教育課程設置

所在地	大　　学	学　　部	学　　科	入学定員	編入学定員			備　　考
					2年次	3年次	4年次	
兵庫県	近大姫路大学	教育学部	こども未来学科	1,000		300		H19.12.3　通信教育課程設置
兵庫県	神戸親和女子大学	発達教育学部	児童教育学科	200		400		H18.1.31　通信教育部設置
			福祉臨床学科	100		200		
奈良県	奈良大学	文学部	文化財歴史学科	300		200		H16.11.30　通信教育部設置
岡山県	環太平洋大学	次世代教育学部	学級経営学科初等教育専攻	240		320		H18.11.30　通信教育課程設置
			中等教育英語専攻	60		80		
岡山県	吉備国際大学	心理学部	子ども発達教育学科	50	30	30		H24.4.1　通信教育課程設置
宮崎県	九州保健福祉大学	社会福祉学部	臨床福祉学科	500	30	150	10	H13.12.20　通信教育部設置
東京都	ビジネス・ブレークスルー大学	経営学部	グローバル経営学科	200		30		H21.12.24　ビジネス・ブレークスルー大学(通信教育課程)設置
			ITソリューション学科	100		30		
福岡県	サイバー大学	IT総合学部	IT総合学科	600		50		H18.11.30　サイバー大学(通信教育課程)設置
								H22.10.1　世界遺産学部学生募集停止
千葉県	放送大学	教養学部	教養学科　生活と福祉(コース)					S56.7.1　放送大学学園設立
			心理と教育(コース)					S58.4.1　放送大学設置
			社会と産業(コース)	15,000				(S60.4.1　学生受け入れ)
			人間と文化(コース)					(H10.1.21　衛星放送(CSデジタル放送)による全国放送開始)
			自然と環境(コース)					H21.4.1　コース改組

44　　　　　63　　　　　106

既設の入学定員総数(正規課程のみ. 編入学定員を除く。) ⇒　84,690人

編入学定員総数 ⇒　　　　285人　9,390人　75人

Tea Time　大学の歴史③
東京大学の創設

　東京開成学校と東京医学校の両校では、明治八、九年ごろには教授が充実され、学生も増加し、多数の外国人教師を雇い入れて進められた。

　明治十年四月東京開成学校および東京医学校を合併して、東京大学と称する旨の布達が発せられた。

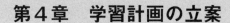

第4章　学習計画の立案

　学習をする上で、レポート、試験、スクーリングなどの日程が重なり、日程的に並行して取組むことが多くなる。日程上、単線式であれば科目1を終えて科目2へ進むなど、好きな順番で学習できるが、科目1、科目2、科目3、科目4も同時に展開していかないと卒業要件である124単位以上の単位修得は難しい。

　学習を進める上で、科目の順番や何を優先するかについては、レポート・論文の提出期限や試験の日程までも把握しておく必要がある。学習を進めていく順番などは、綿密な計画を立て日程管理を行うことで見えてくるようになる。日程管理をすることが一番重要なことである。

I　学習の順番・方法

1　科目全体の関連性

　最初に、学習する科目の順番を組み立てるため、所属学部の全科目名をノートに抜き出し、科目名、学習内容を記入して科目間の関連性を見る。科目によっては、「科目1」、「科目2」、「科目3」の履修後が望ましいとの解説があれば、その履修条件をクリアした後に学習する必要がある。例えば、「行政法」は、「憲法」、「民法」の学習後が望ましいといえるし、「刑事訴訟法」は、「法学」、「刑法」の知識が必要となる。履修要領は大学から出ている。

　卒業までの最初の学習計画をつくるためには、科目間の関連性を知ることが重要である。科目名と別の科目名の間に鉛筆で線を引いてつなげ、学習する順番を知ることが必要である。また、試験日程上、他の科目と同時間帯での試験とならないよう、科目間で日程が

重ならないような計画を慎重に立てなければならない。試験時間帯
（A群、B群・・・）と科目名を一覧にし、タテ、ヨコの表として試
験時間帯別科目名として作成し、計画表１枚で見て分かるようにす
る。科目ごとにA〜Fまでの試験時間帯群があれば、A群の中の複
数科目を同時期に重複して学習することはできても、試験日程が重
なることから同時期に受験できないことを意味するものである。

表①	各科目の履修条件　例：法学部
表②	試験群別科目一覧　必修・選択、持込可否、単位数

　学習順の予定を立てたあとには、さらにこの表に最短コース、遅
延コースの２つを入れ込む。１科目にかける日数としては、試験勉
強に30日、レポート作成に30日を一応の目安としての計画を立てる。
ノートには市販レポート用紙の横罫線を90度回転して縦罫線代わり
にすることで、横罫線は定規で簡単に引き日程管理用の表に見立て
て利用することもコツである。

表① 各科目の履修条件　　例：法学部／総合教育科目を除く

科目名	履修上の条件
憲法	
民法総論	
刑法総論	刑法入門
法哲学	哲学、倫理学、思想史
日本法制史Ⅰ	日本の歴史
国際法Ⅰ	法学基礎知識
国際法Ⅱ	
行政法	憲法、民法
物権法	
債権総論	民法総論
債権各論	民法総論
親族法	民法総論
相続法	民法総論
会社法	
商取引法	民法総論、債権総論、債権各論
保険法	
海商法	
手形法	債権総論、債権各論
刑事政策学	
刑法各論	
民事訴訟法	民法総論、物権法、債権総論、債権各論、会社法、手形法
破産法	民法総論、債権総論、会社法等
刑事訴訟法	法学、刑法
国際私法	民法、商法、民事訴訟法
労働法	法学、憲法、民法総論、債権各論、債権総論
経済法	
英米法	法学、刑法、憲法、債権法、民法総論、商法、訴訟法、国際私法
医事法	
政治学	
政治哲学	政治学、法学、近代政治思想史
日本政治史Ⅰ（古代）	日本の歴史
日本政治史Ⅱ（中世）	日本の歴史
日本政治史（近代）	
ヨーロッパ政治史	
アメリカ政治史	
ロシアの政治	政治学基礎、地域研究基礎
現代中国論	現代中国基礎知識、中国政治史
日本外交史Ⅰ	国際政治近現代史の基礎的知識
日本外交史Ⅱ	戦後国際政治の基礎的知識
西洋外交史	
政治思想史Ⅲ	
ヨーロッパ中世政治思想	
コミュニケーション論	
産業社会学	社会学、経済学、経営学の基本的知識
経済原論	数学的知識、論理的思考力
財政論	
金融論	
経済政策学	経済学、経済史
社会政策	
経営学	
会計学	
英語Ⅰ	（中級）文法と作文。普通。
英語Ⅱ	（基礎）文法、作文、リスニング、スピーキング。やや易しい
英語Ⅲ	（中級）文学作品の読解。やや難解。
英語Ⅳ	（中級）評論の読解。普通。
英語リーディング	
英語ライティング	
放送英語リーディング	
放送英語ライティング	

表② 試験群別科目一覧／必修・必選・選、持込／可否、単位数　例：法学部

※ 各欄には共通して「必・必選・選」「持込・六法」の区分表記がある。

	A群	B群	C群	D群	E群	F群
II前		英語II（2）		英語I（2）	英語VII（2）	
II後			憲法（4）◎	放送英語W（1）	放送英語R（1）	
III前	改訂・債権総論（3）○		政治学（6）◎	改訂・民法総論（3）○		物権法（3）○
III後	ヨーロッパ中世政治思想（2）	日本政治史（2）○	政治思想史III（2）△	コミュニケーション論（4）○	現代中国論（2）	
IV前	日本政治史I（2）／経済原論 初回・終回（4）	西洋外交史（4）		日本政治史II（2）△	国際法I（4）○／産業社会学（2）／国際法II（2）△／日本外交史II（2）△	日本外交史I（4）△

（各科目欄の共通表記：必・必選・選　持込・六法）

38

Ⅳ後

履修計画ボックス

ロシアの政治 〔2〕
必・必選・選　持込・六法

小計 9

- 経営学　3
- 刑事訴訟法　六　4
- 刑法各論　4
- 金融論　2
- 行政法　六　4

小計 17

ロシアの政治史 ?

政治哲学 〔2〕
必・必選・選　持込・六法

小計 15

- 会計学　3
- 経済政策学　2
- 破産法　六　2
- 医事法　持　4
- 日本法制史Ⅰ　2

小計 13

財政論 〔2〕
必・必選・選　持込・六法

小計 14

- 海商法　六
- アメリカ政治史　1
- 民事訴訟法　六　4
- 債権各論　六　3
- 改訂・手形法　六　2

小計 14

ヨーロッパ政治史 〔1○〕
必・必選・選　持込・六法

政治学科　小計 8

小計 14

- 英米法　2
- 刑事政策特　2
- 保険法　六　1
- 親族法　六　1
- 経済法　2

小計 8

- 法哲学　2
- 商取引法　六　2
- 社会政策　2
- 刑法総論　3

小計 9

- 相続法　六　2
- 国際私法　六　2
- 労働法　六　2
- 会社法　六　4

法律学科　小計 0

卒業論文 〔8〕
必・必選・選　持込・六法

専門―必修10要、選択必修20要、選択38要、卒論8
スクーリング15以上28まで　を含める

政治学科　80（英語＋専門）法律学科　61（専門）
スクーリング小計

スクーリング等

福澤研究 2△
必・必選・選　持込・六法

国際法 2△
必・必選・選　持込・六法

刑法 2△
必・必選・選　持込・六法

Rリーディング 1
必・必選・選　持込・六法

Wライティング 1
必・必選・選　持込・六法

日本政治論 2△
必・必選・選　持込・六法

マス・コミュニケーション論 2△
必・必選・選　持込・六法

国際法 2△
必・必選・選　持込・六法

刑法 2△
必・必選・選　持込・六法

卒論始

産業関係論 2△
必・必選・選　持込・六法

政治学特殊 2△
必・必選・選　持込・六法

日本政治論 2△
必・必選・選　持込・六法

日本政治史 2△
必・必選・選　六法

財政論 2△
必・必選・選　持込・六法

社会学特殊 2△
必・必選・選　持込・六法

民法 2△
必・必選・選　六法

国際環境法 2△
必・必選・選　持込・六法

国際人権・人道法 2△
必・必選・選　持込・六法

スクーリング今年
憲法 2△
必・必選・選　六法

スクーリング今年
法学概論 2△
必・必選・選　持込・六法

スクーリング来年
行政法 2△
必・必選・選　持込・六法

受験科目

受験科目	A	B	C	D	E	F
今年10月	債権総論		政治学	コミュニケーション	英語Ⅶ	物権
来年1月		政治史			国際法	
来年4月			政治思想	W	R	
来年7月				日本政治論Ⅱ	国際法Ⅱ	日本外交Ⅰ
来年10月	ヨーロッパ政治		政治哲学	日本政治論Ⅲ	日本外交Ⅱ	経営学
再来年1月		労働	社会政策			
再来年4月						

単位集計

	単位	科目数
必修	◎10	2
選択必修	○20	7
選択	△34	17
スクーリング	△8	1
卒業論文	◎8	
英語	◎8	5
合計	90	36

2　履修計画

　　学習計画を立てながら、スクーリングやメディア授業の履修時期をマークし、夏スクーリング、夜スクーリング、週末スクーリング、放送スクーリング、ネットメディア、などに分けて一覧とする。

3　試験科目の配当

　　複数科目の試験では、試験日程の群が重複しないよう試験科目を調整し配当する。

表③ 日程　群別　レポート　試験一覧

4　長・中・短期の計画

　　卒業までの計画として、入学から卒業までの最短年としての学習概要計画、年間計画、月計画、週計画の予定をそれぞれに立てる。

5　卒論テーマのひらめき

　　入学時から卒論テーマとして相応しい題材を考えておき気付いたらノートにメモをしておく。授業からヒントを得られることがあるので、卒論テーマの記入頁だけでも用意しておけばテーマ選定の変遷が後になって思い出となる。併せて、卒論登録のスケジュールを管理しておくことも重要である。

6　脳の分身ノート

　　単位数によって異なるレポートの分量として、1単位2000字以内、2単位4000字以内などとノートに記録する。このノートは、脳の「分身ノート」と思って常時持ち歩き、用事の合間にいつでも見られるようにしておくと便利である。

7　科目管理一覧表

　　科目名、必修、選択必修、選択（テキスト）、選択（スクーリング）、などの一覧表を作る。

表④ 全科目進捗状況　単位数

　　終了分はカラーマークをしておく。市販レポート用紙をノートに貼付でき、レポート用紙を糊でつなげていけば、何枚でも情報量を

表③　日程　群別　レポート　試験一覧

年月	レポート注記	試験						備考事務手続
		A群	B群	C群	D群	E群	F群	
今年　4								
5								
6								
7								
8								
9								
10								
11								
12								
来年　1								
2								
3								

表④　全科目進捗状況／単位数

履修科目名	必修	選択必修	選択		卒論	外国語	備考
			テキスト	スクーリング			
合計	小計	小計	小計	小計	小計	小計	

増やすことができ、ノート大に折り畳むことができる。

8　科目ごとの情報

　科目名にはレポートと試験の両方の日程が年月版として分かる表を数年先まで見越して作成する。

表⑤　科目別日程進捗表　月別

　年月版の日程に続けて日にち別のものがあると用事などの予定を入れた上で計画が立てやすい。

表⑥　科目別日程進捗表　日にち別

Ⅱ　レポート作成・試験勉強の日程

1　レポート・試験・スクーリング等の計画

　計画管理表は、Excelの機能を最大限に活用して、見て分かるものとして作る。月別に年間の計画を立てる。科目名、スクーリング（メディア、土曜スクーリング、日曜スクーリング、夏スクーリング、夜スクーリング、冬スクーリング、週末スクーリング、外スクーリングなど）、試験日程、申込締切日などを1枚にまとめる。

表⑦　月別年間学習計画

2　スクーリングの詳細

　スクーリングでは、テキスト名、課題、購入品、参考図書、価格などを1枚にまとめると全体が見えてくる。参考図書は全て購入しておくこともよい。中古本として購入できるものもある。

表⑧　スクーリング　課題、購入品、本

表⑤　科目別日程進捗表／月別

群	科目	レポ/試験	今年／月										来年／月												備考
			4	5	6	7	8	9	10	11	12	1	2	3	4	5	6	7	8	9	10	11	12	
		レポート																						
		試験																						
		レポート																						
		試験																						
		レポート																						
		試験																						
		レポート																						
		試験																						
		レポート																						
		試験																						
		レポート																						
		試験																						
		レポート																						
		試験																						
		レポート																						
		試験																						

表⑥　科目別日程進捗表／日にち別

群	科目	レポ/試験	月	4月／日								5月／日												備考
			日	22	23	24	25	26	27	28	29	30	1	2	3	4	5	6	7	8	9	10	11	12	
			予定																							
		レポート																							
		試験																							
		レポート																							
		試験																							
		レポート																							
		試験																							
		レポート																							
		試験																							
		レポート																							
		試験																							
		レポート																							
		試験																							
		レポート																							
		試験																							
		レポート																							
		試験																							

表⑦　月別年間学習計画

今年10月〜来年9月		単位認定方法	★申込締切日		10月	11月	12月
来年度←今年度同じと仮定？	メディア1科目ずつ					メディア3 11/8-12/2	メディア4 12/15-1/8
						土スク3	土スク4
						日スク2	
						筆記試4 10/21	筆記試5 （夜）	筆記試6 12/23
○必修科目							
○日本文学文化概説A①	2	スクなし	メディア	試(論文	A②/B ②筆記 試験	○	○
○日本文学文化概説B①	2	スクーリング	メディア	試(論文		○	○
中国の古典＜唐詩選・論語＞	4	~~2 前半スク~~	メディア	試(論文	スク来年 開講せず	○	○
中国の古典＜唐詩選・論語＞		2 後半スク	メディア	試(論文		○	○
~~○書道Ⅰ①~~		~~スク 夏4期~~					
○書道Ⅰ②	2	スク 土1期		スク試			
○書道Ⅱ	2	スク 夏2期		スク試			
○書道Ⅲ	2	スク 夏3期		スク試			
○書道Ⅳ	2	スク 夏1期		スク試			
○書道史A	2			試(論文			
○書道史B	2			試(論文			
○書論A	2			試(論文			
○書論B	2			試(論文			
○書道科指導法Ⅰ	2	スク 週1期		試(論文			
○書道科指導法Ⅱ	2	スク 冬1期		試(論文			
備考 ◆科目等履修生(後期生)/ 登録科目の変更可(4月)	28						

44

◆来年度は今年度と同じと仮定? レポ締7/18 論文締8/17　9.1

1月	2月	3月		4月	5月	6月	7月	8月	9月	備考
					メディア1 5/16-6/9	メディア2 6/24-7/18				
						土スク1				
						日スク1				
							夏スク1	夏スク2345		
冬スク1										
						週スク1				
							外スク1			
筆記試7 1/27	筆記試8 2/18				筆記試1 5/27		筆記試2 7/23	筆記試3 8/20		
					○	○				
~~冬スク1~~					○	○				メディア合格後、認定試験許可(論文)
					○	○				
					○	○	~~夏スク5~~			
							~~夏スク4~~			
					土スク1					
							夏スク2			
							夏スク3			
						夏スク1				
										課題1,2後に最終論文試験
						週スク1				
冬スク1										
1/6,7,8					週スク 6/3,10,11 土スク 6/24,7/1,8	夏スク1 7/31,8/1,2	夏スク1 8/3-5 夏スク3 8/17-19 夏スク1 8/24-26	登録期間終了		

表⑧　スクーリング／課題、購入品・本

		テキスト	課題	購入	4月	5月	6月	7月	8月	9月	本／価格
書道Ⅰ	楷書 行書	『古典選粋』	・テキスト「目習い」 ・半紙6字書きで練習し持参 ・楷書／「①②③」 ・行書／「④⑤」 ・6文字複数選択練習／持参枚数自由 ・墨液可、半紙漢字用、硯	<楷書古典> ・原寸大 ・拡大版 <行書古典> ・原寸大 ・拡大版							①九成宮醴泉銘／1728 ②孔子廟堂碑／1728 ③雁塔聖教序／1728 ④蘭亭序／756 ⑤集王聖教序／1026
書道Ⅲ	草書 ペン字	『古典選粋』	・王羲之の草書半紙練習、持参 ・墨液可、半紙漢字用、硯 ・⑥⑦⑧／4字・6字書き練習持参／枚数自由 <ペン字> ・テキスト楷書をペンでマス用紙(マス付ノート)練習、持参	スク持参 <草書> ・字典(五體字類)持参 <ペン字> ○ペン／万年筆・つけペン・硬筆用ペン／ぺんてるふでペン極細 ○字典／五體字類・書道字典など							⑥十七帖／1944 ⑦王羲之の尺牘／1728 ⑧書譜／1944
書道Ⅳ	篆書 隷書 篆刻	プリント	・古典選粋／篆書・隷書／半紙練習持参／枚数自由 ・半紙練習持参／枚数自由 <篆書・隷書> ・金文・度量衡・石鼓文・泰山刻石から選択／半紙縦4文字／楷書or行書氏名左／枚数多 -1枚目楷書2枚目行書 -クリップ止め初日提出 <隷書> ・古典選粋／隷書古典 -半紙縦6字持参-氏名左	古典選粋 <篆書> ⑨⑩⑪ <隷書> ⑫⑬⑭ <篆刻> 書道講座　篆刻編 <他> ・半紙上質多め ・篆刻用道具／小筆・印材2～3cm角・印刀・800～1200番サンドペーパー／篆刻用字書							⑨中国法書選56 ⑩中国法書選58／1944 ⑪中国法書選60／1944 ⑫漢代の隷書 礼器碑／1296 ⑬漢代の隷書 曹全碑／2980 ⑭漢代の隷書 乙瑛碑／?
書道Ⅱ	かな 調和体	『古典選粋』	・古典選粋／かな古典「目習い」 ・名筆選「目習い」 <かな> ・かな用半紙原寸大『高野切第三種』臨書持参 <調和体> ・好きな言葉書く持参-大きさ枚数自由	<かな> ・「かな古典」の本／⑮⑯⑰ ・かな用小筆(高野切に適した)、墨(油煙墨の固形墨)、紙(ロール半紙／かな用改良半紙)、硯 <調和体> ・調和体作品掲載本あれば持参							⑮高野切第一種／3240 ⑯高野切第三種／2808 ⑰関戸本古今集／3672
備考											

46

> **Ⅲ　分身ノートの実際**

　実際の分身ノートの活用例である。ノートに直接書くことも有効であるが、市販レポート用紙などの紙に計画表として書いたものをノートに貼付することで、ノート1頁にレポート用紙を何枚でも糊付けして重ねていけば、ノートB5版を拡げるとB4版大にもなる。A3版用紙でも貼付して折り畳めばB5版ノートに収まる。このようにどのような大きさの用紙でも手当り次第にメモをして貼付すれば1冊のノートは有効に活用できる。これが自身の脳の「分身ノート」の活用例である。

写真⑨ 学習計画の立案　実際のノート

写真⑨　学習計画の立案　実際のノート

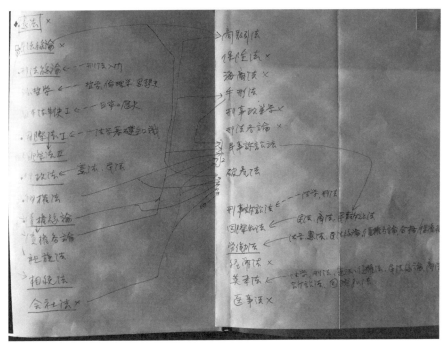

表①科目全体の関連

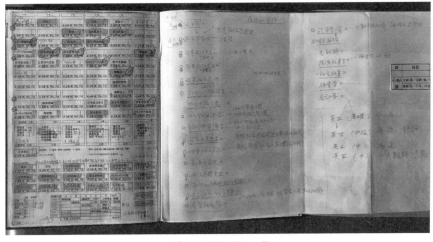

表②試験群別科目一覧

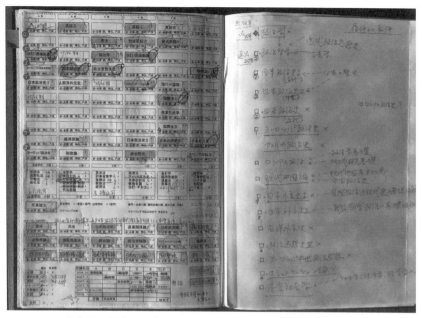

表①科目履修上の条件　　表③日程群別レポート・試験一覧

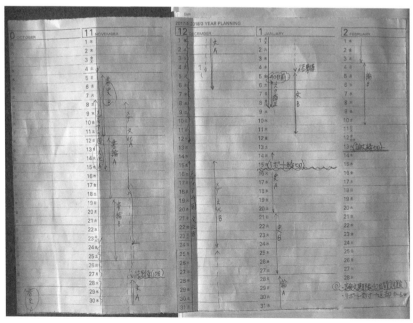

表⑤科目別日程進捗表　月別

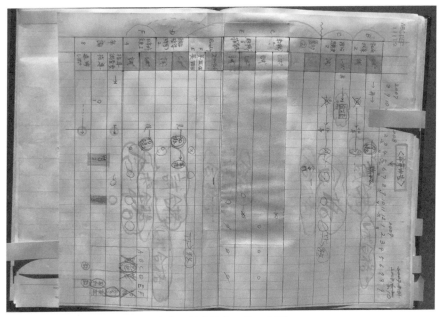

表⑥日程進捗表　日にち別

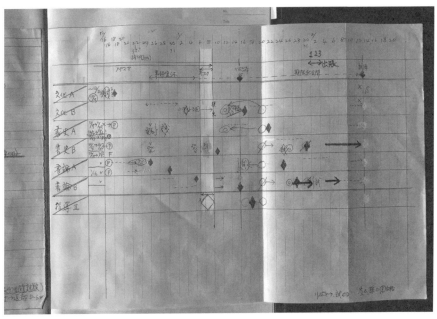

表⑥科目別日程進捗表　日にち別

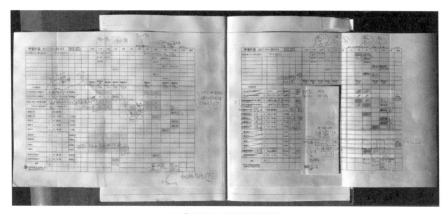

表⑦月別年間学習計画

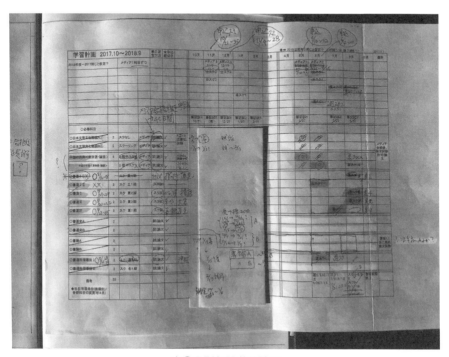

表⑦月別年間学習計画

Tea Time　大学の歴史④

帝国大学令の公布

帝国大学令（明治十九年（1886年））

　第一条　帝国大学ハ国家ノ須要ニ応スル学
　　　　　術技芸ヲ教授シ及其蘊奥ヲ攷究ス
　　　　　ルヲ以テ目的トス

　第二条　帝国大学ハ大学院及分科大学ヲ以
　　　　　テ構成ス大学院ハ学術技芸ノ蘊奥
　　　　　ヲ攷究シ分科大学ハ学術技芸ノ理
　　　　　論及応用ヲ教授スル所トス

第5章　学問の自由
―大学の価値はここにあり―

　大学において、学問に関する研究・発表・教授の自由は保障されている。根拠は、日本国憲法上、学問の自由として保障されているからである。諸外国の憲法では、学問の自由を条項で保障することはまれである。明治憲法にもこの規定はなかった。

　憲法第二十三条には、「学問の自由は、これを保障する」と規定されている。この自由は、学問の研究の自由、その発表の自由、その教授の自由を、すべて包括するものである。この自由権は、学問と教育とが直結している大学において重要な意義を見出すのであって、よくいわれる「大学の自由」の観念は、ここにその基礎を有するものである。

　学問研究の自由とは、真理の発見・探求を目的とする研究の自由であり、これは、内面的精神活動の自由であり、思想及び良心の自由の一部を構成している。研究、発表の自由とは、外部に対し発信される作用であり、外面的精神活動の自由として表現の自由に含まれる。教授の自由とは、教育の自由であり、大学での教授の自由をさす。大学において教授その他の研究者がその専門の研究成果を教授する自由が保障されているのである。

　これに対して高等学校以下の初等中等教育機関の教授の自由については、普通教育における教師に完全な教授の自由を認めることは到底許されないとしている。理由は、①生徒に教授内容を批判する能力がなく、教師が児童・生徒に対して弱い影響力・支配力を有すること、②子供の側に、学校や教師を選択する余地が乏しく、教育の機会均等を図るうえからも、全国的に一定の水準を確保すべき強い要請があげられる。

　ここでは、憲法における大学での学問の自由について触れることとする。

参考となる法を列挙する。

【憲法】　昭和二十一年
前文
日本国民は、正当に選挙された国会における代表者を通じて行動し、われらとわれらの子孫のために、諸国民との協和による成果と、わが国全土にわたつて自由のもたらす恵沢を確保し、政府の行為によつて再び戦争の惨禍が起ることのないやうにすることを決意し、ここに主権が国民に存することを宣言し、この憲法を確定する。

【憲法】　第三章　国民の権利及び義務
第十三条　すべて国民は、個人として尊重される。生命、自由及び幸福追求に対する国民の権利については、公共の福祉に反しない限り、立法その他の国政の上で、最大の尊重を必要とする。

【憲法】　第二十三条　学問の自由は、これを保障する。

自由権として次の項目がある。
• 個人の尊重、生命、自由及び幸福追求の自由
• 人身の自由
• 思想及び良心の自由
• 信教の自由
• 集会及び結社の自由と勤労者の団結権及び団体行動の自由
• 表現の自由
• 居住、移転、職業選択及び国籍を離脱する自由
• 学問の自由
• 住居、書類及び所持品に関する自由　など

【憲法】　第十章　最高法規
第九十七条　この憲法が日本国民に保障する基本的人権は、人類の多年にわたる自由獲得の努力の成果であつて、これらの権利は、過去幾多の試錬に堪へ、現在及び将来の国民に対し、侵すことのできない永久の権利として信託されたものである。
第九十八条　この憲法は、国の最高法規であつて、その条規に反する法律、命令、詔勅及び国務に関するその他の行為の全部又は一部は、その効力を有しない。
○2　日本国が締結した条約及び確立された国際法規は、これを誠実に遵守することを必要とする。

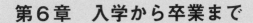

第6章　入学から卒業まで

　大学入学から卒業までのプロセスの概要について、項目だけを抜き出してみると次の流れとなる。入学にあたって最も重要なことは、学問の必要性を改めて認識することである。そして、大学にしかできない「学問の自由」の意義を理解し尊重した上で好きな学問分野に打ち込んで十分に研究をしてほしいと願うものである。

　この本の後段では、大学を無事に卒業できた卒業生からの声を集めている。老若男女の誰もが、在学時のレポート・論文、試験、卒業論文などに悪戦苦闘し、困難に打ち勝つために努力を続けていたことが分かる。晴れて卒業できた卒業生の声からは、大学で学んでよかったことについて理解できるようになる。さらに、生涯学習の観点から卒業後の継続学習として考えられることの項目を述べておく。

1　生涯学習「新学問のすすめ」

　(1)　学生としての心構え

　(2)　レポート・論文の書き方、試験対策

　(3)　図書館の活用

　(4)　卒業論文

　(5)　卒業後の継続学習

2　学問のすすめ

　(1)　学問の必要性

　(2)　健康寿命

　(3)　生涯学習

3　大学進学　大学通信教育

　(1)　学校教育法

⑵　法学部「国際法」

⑶　文学部「書論」

⑷　文学部「書道科指導法」

⑸　総理大臣所信表明演説

11　資料の集め方

⑴　教科書の精読

⑵　図書館・司書の活用

⑶　名文の入手

12　試験対策

⑴　試験範囲のまとめ方

⑵　過去問の研究

⑶　試験答案の書き方

13　論文試験の分析と対策

⑴　実際の出題例1　レポート編

⑵　実際の出題例2　筆記試験編

14　卒業論文

⑴　テーマの選定方法

⑵　先行研究調査

⑶　研究の構想図

⑷　目次の計画

⑸　推敲

15　卒業生の声

⑴　大学卒業生の通信教育ひとこと表現集

⑵　通信教育卒業生の具体的な話

16　卒業後の継続学習

⑴　大学再入学

⑵　資格取得

⑶　趣味講座

Tea Time　大学の歴史⑤
帝国大学の構成

　帝国大学の構成は欧米における近代諸大学の構成に基づいている。

　大学院は、外国大学の卒業後の課程に該当するものとして制度化した。

　明治十九年帝国大学令の公布を経て三十年に至るまで、わが国における大学は東京に一校設けられていたにすぎなかった。

第7章　レポート・論文の作成方法1
—準備編—

　レポート・論文を作成する際には、学術的な多くの本や論文にあたることが望ましく、その調査研究の過程で先行研究調査、資料集めなどで苦労した点について、採点者側の大学教員に対してレポート等を通して強く訴えることが最も重要である。それには、参考書や論文での調査研究段階では、〈「字」を読まずに「本」を理解する〉ことが秘訣であり、本の全体概要を短時間で把握することが肝要である。

　次にレポート・論文の作成方法について、準備編、下書き・清書編として述べることとする。労少なく最大の効果を確実に発揮できる方策である。

I　レポート作成にあたっての準備

1　紙ファイル

　書類整理用である。科目のレポートごとに紙ファイルで一括管理する。書類は穴明けをせずに挟んで入れておくだけでよい。

2　三色ボールペン

　内容の重要度に応じた識別色分け用として用意する。黒・赤・青などのボールペンで自分の本であれば本に、また、借りた本であればコピーした上にマークする。授業中の本、ノート、資料へのマーク用として用いる。試験対策用のまとめた資料の整理用にも威力を発揮する。蛍光ペンは薄い紙の裏には写ることがあり望ましくない。

3　付箋（小）

　重要箇所やコピー範囲の最初と最後頁の確認用として貼付する。

4 ノート

　講義用ノートは、B5版見開きの左頁を講義録として記入し、右ペ
ージは白紙とし後日補足説明で加えるものとして活用する。日程管
理用の自身の「分身ノート」は別につくり常に携帯する。

Ⅱ　パソコン・プリンタ・ソフトウェアの準備

1 パソコン

　パソコンは、数年内発売のものであれば十分である。コンピュー
タを動作させるオペレーションシステムOSは、Windows10を搭載
していること。ソフトウェア「Office」（Word、Excel、Power Point）
が予め内蔵されているものを準備する。5万円代で買えるものがあ
る。

　パソコンの仕様としての理想は、メモリ8GB（ギガバイト）、容
量SSD512GBとしてOffice2016以上、などが考えられる。

2 プリンタ

　プリンタは、印刷だけの最低機能で十分である。スキャン、コピ
ーができればさらに良いが、コピーはコンビニでA3拡大ができる。
自宅でのコピーはインク代がかかる。プリンタは、1万円程度で買
える。

3 ソフトウェア

　Microsoft Officeを準備する。学生・教職員はアカデミックパッケ
ージを特別価格として半値程度で購入できる。

（1）　Word

　　文章（日本語、英語など）を作るのに適している。簡単な表も
　できる。Excelデータを貼付けられる。Wordは薄い解説本を購入
　して完全に理解する。参考図書として、学研『500円でわかる』シ
　リーズなどはポイントが整理されている。

(2)　Excel

　　複雑な表が作れる。縦横の自動計算もできる。簡単な文書も作れる。

(3)　Power Point

　　プレゼンテーションソフトである。提示・説明・表現時に威力を発揮する。図・文章などがスライドで描け、スライドショーとして表示できる。自分の考えを他者に表現する場合に、視覚化して発信することで目に見える形にできる。Word、Excelの自作の文や図・写真を貼り付けることができる。

Ⅲ　スマートフォンの活用

スマートフォンを活用する時代である。考えられる活用例を挙げた。

- 教員と学生、学生間の対話型授業への参加
- 授業中のアンケート集計への送信
- 送信コメントのスクリーンでの共有
- 主体的な学びへの転換
- 教示用デバイスとしての活用
- 自宅や電車内での配信講義の受講
- 写真・動画の活用
- 辞書アプリ、インターネットの活用　など

```
*******************************************************
*                                                     *
    レポート・論文の書き方（入門）
*                                                     *
*******************************************************
```

　中学生・高校生向けの『初めてのレポート・論文作成ガイド』が東京
都立中央図書館HPにあり参考となる。内容は次のとおり。

0　はじめに
1　レポート・論文って何！？
2　レポート・論文作成のステップ
3　テーマを決める
4　情報を集めよう！
5　まとめる・書く

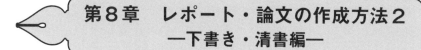

第8章　レポート・論文の作成方法2
―下書き・清書編―

　レポート・論文の作成方法の準備編に続いて、レポートを実際につくる下書き・清書編について述べることとする。レポート作成に欠かせないのは、パソコンの活用である。WordやExcelなどを最大限活用することが必須の時代である。

　レポートの完成までには、何度も原稿に手を入れ、完成間近の清書の段階まで改訂を続け良い論文づくりを目指して推敲を重ねていくことが重要である。道のりは険しいが良いレポート・論文ができ上がったときの喜びはとても大きい。

I　データの保存方法

1　PCでのフォルダとファイル

(1)　フォルダ

　　科目ごとのフォルダを1つ作る。そのフォルダ内に関係するファイルをいくつも入れる。フォルダ数は科目数と同じとなる。

(2)　ファイル

　　科目に関係するレポートの下書きファイルを作成日付順にファイル名称を変更して改訂版数に合わせて更新していく。（末尾数字を更新していく／例：「漢文A1」「漢文A2」など）ファイルを消去せずに、更新するごとにファイル数を増やしていく。「漢文A1－1」「漢文A1－2」「漢文A1－3」となる。

```
フォルダ（科目名）－ファイル1（科目原本）
　　　　　　　　　－ファイル2（科目改訂1）
　　　　　　　　　－ファイル3（科目改訂2）
```

2　紙ファイル

　レポート・論文1科目1課題ごとの紙ファイルを作り、中に文献のコピー、PC打込み後のプリントアウトした紙を保管する。

　【例】「書論A」は、「書論A1」「書論A2」「書論A論文」3冊のファイルで1科目となる。さらに、「書論B」は、「書論B1」「書論B2」「書論B論文」と続く。科目ごとの三冊のファイルはボックスファイルに入れて1科目として本棚に整理できる。

◀ Ⅱ　レポート・論文の骨子

1　レポートの大見出し順

　大見出しのための項目立てが重要である。

(1)　【例1】はじめに⇒（現状⇒課題⇒対応）⇒まとめ

　　現状⇒課題⇒対応の文言の中身は、各自が各科目でレポート課題に正対し真正面から向き合うよう適切に配慮する。

(2)　【例2】起⇒（承⇒転）⇒結

　　承⇒転の文言の中身は、各自が各科目でレポート課題に正対するよう適切に配慮する。

(3)　【例3】例1、2の項目の中に、思いつきではない自分の根拠ある主張を数カ所入れる。

2　引用の方法

(1)　参考図書から引用する場合

　　本を引用する場合は、『・・・（引用文のまま記述）・・・』と、二重鍵括弧をつけて番号を付け採点者側の大学教員が出典先を確認できるようにする。引用量は数行内として、5冊以上の本から引用することが望ましい。それ以外の個所で引用した文はキーワードだけ残して自分の言葉で置き換える。原文はコピーを取って紙ファイルに保管しておく。レポート返却時にレポート内容の文言

について、出典先を求められることがあるので本のコピーを保管する。コピーは、本のタイトル、頁、奥付をとり、原文どおりに打込む。沢山の本や論文にあたって調査で苦労したことをレポートの記述を通して強調する。事前の打込み字数としては、数千字は必要である。

(2)　論文から引用する場合

　論文は学者（大学教員）が執筆する本・論文や研究者の本・論文に限って引用する。各大学には『○○大学研究紀要』として大学教授などが毎年執筆した論文集がある。大学では全国の大学の研究紀要が保管されている。この大学紀要の書き方のトーンでレポートを作成すれば完璧である。また、他に引用できるものとして、研究者団体である、○○学会やインターネット、大学等の図書館検索からも調査できる。原文はコピーを取っておく。

(3)　引用箇所のコピー

　参考文献の引用に関係する箇所の始め、終わりの頁に付箋を貼り、その間をコピーしておき、紙ファイルに保管する。コピーはA3版に拡大しておくと見易い。コピー料金は同じくらいである。不用になればメモ用紙に使える。コピー濃度は＋1で濃くしておくとさらに見易い。資料収集が終わればレポート作成の半分以上は終了となる。

(4)　自分の言葉で書く

　議論の要旨である論旨を自分の言葉で考えることが重要であるにもかかわらず、引用した内容をレポート・論文にあたかも自分の意見・考えであるかのように作成する行為は慎むべきである。

(5)　著作権

　引用や複製に関しては、著作権法、文化庁HPなどが参考となる。

1　Officeの活用

(1)　Word

　①原稿作成横下書き用／用紙縦に設定し横文字、字数行数40字×
40行＝1600字（文字数が数え易い）、余白は上下25左右20mmに
して文章を打ち込む。字の大きさであるポイント数12pは見易
い。

　②清書提出縦下書き用／用紙横に設定し縦文字、字数行数20字×
20行、余白上下左右20mmにて文章を打ち込む。字数が少ない
場合は、ポイント数16p程度が見易い。完成したらこれを参照
しながら必要に応じて手書きで清書する。

(2)　Excel

　①図・表用にセル（1つの枠）の横幅を5mm幅ぐらいに細かく
して、縦と横に沢山セルをつくることで、図を描くときにも対
応できる。印刷範囲設定で印刷時に1枚に収めることができる。

　②Wordに簡単に貼り付けることができる。

　③写真の編集整理にも有効である。

(3)　Power Point

　WordやExcelを習熟できたら、発表プレゼンテーションの準備
をする。プレゼンとは聴衆に情報を提示することである。1枚の
シートには、文字数を減らし図や写真を挿入するなどして「見せ
るプレゼン」を心掛ける。

2　レポートの体裁

(1)　文章は、「である」調に統一して書く。

(2)　大見出しなどの強調部分ではゴシック体や下線を引く。

(3)　英文でいう、S（主語）＋V（動詞）が合致するように、日本
語文では読点がいくつあっても主語と述語を合わせることが絶対

条件である。文章一文で S ＋ V が合わないと大学教員から最後ま
で見てもらえないことがある。

⑷　参考文献欄では、引用する参考本は 5 冊以上から、研究論文か
らは 2 本以上引用することが望ましい。引用部分の行数は数行内
とする。

◤ Ⅳ　レポート・論文を作成する場所、順序

1　自宅

　ＰＣ（Personal Computer パソコン）打込みを中心とする。

2　図書館

　蔵書数の多い大学等の図書館が望ましい。公立の大きな図書館も
よい。地元の図書館でも他図書館と連携を図っていて横断検索がで
き本の入手も可能である。

3　推敲

　下書き段階での字句や表現を最適にするための推敲を10版ほど重
ね、徐々に規定の字数内3000字内に仕上げる。

4　移動図書館

　時間を有効活用するには、原稿 A4 用紙を持ち歩き、喫茶店や電車
内、駅のベンチなどで朱を入れる。電車移動時は移動図書館として
考えることに活用し、家ではパソコンに打ち込む作業に徹する。電
車内では各駅普通列車に座れば図書館になる。

5　レポート・論文課題の分析

⑴　出題の課題を熟読し、課題文から見えてきたキーワードの主な
ものをリストアップする。

⑵　主キーワードから考えられる副キーワードを考えてリストアッ
プする。

⑶　副キーワードは、主キーワードの出ている本からいくつか抽出

する。

6 参考資料の調査

主キーワード、副キーワードを図書館で蔵書検索すると、本の目次にある語句と一致する本が見つかる。この本から関係するだろうと思われる部分をコピーし科目別の紙ファイルに保管する。参考資料は2本立てとし、『本』から5冊以上、『論文』から2本以上を準備することが望ましい。

7 図書館の蔵書検索

自宅PCやスマホからインターネットを通して大学等の蔵書数の多い図書館に入り検索し、本や論文を検索しておく。検索した蔵書一覧の控をとっておき本などを借り関係箇所のコピーを入手する。

第9章　論文の書き方1
―段落と学術的文章―

　大学生の書く論文とは、レポートのように要約プラス感想程度で書くこととは異なり、レポートの延長上にありながらも、「新しいテーマ」で体系的・論理的に書かなければならない。順序立てて考え、言葉の意味が一種類となるよう一義的に表現して論じ述べる必要がある。

　また、書く内容について段落を追って文章全体で形にして解説するには、小説を書くこととは異なり、はっきりと分かりやすく要点をとらえた端的な書き方が求められる。それが学術的文章の書き方となり、まさにアカデミックライティングの手法となる。

　さらに、段落間をつなぐ接続詞についても触れる。以上を踏まえて論述するテクニックを身に付けることが重要である。

I　論文の書き方

1　論文の構成

　⑴　段落の書き順

　　①はじめに、現状、課題、対応、まとめ

　　②起、承、転、結

　　③目的、内容・方法、結果・考察、まとめ　などがある。

　⑵　はじめに（＝起）

　　　論文全体の概要を記す。テーマの課題に正対するように理由を述べて対応のための手法を述べる。概要の書き方例の参考として、新聞記事の大見出しの次に書かれる記事概要に相当する。

　⑶　まとめ（＝結）

　　　これまで論じてきたことを再度まとめる。加えて自身の考えも

表現することと、新たな課題を提言することもよい。

(4) 主キーワードの設定

　　テーマの課題内から主キーワードをいくつか抜き出す。

(5) 副キーワードの設定

　　主キーワードから副キーワードを見つける。そのためには、主キーワードが書物のタイトルにある本を一読し、いくつかの副キーワードを見出す。主キーワード１つに対して副キーワード２つ３つを中見出しとする。

　　主キーワードAに対し、副キーワードａ、ｂを出し、次に主キーワードBに対し、副キーワードｃ、ｄを出して項目立てをする。次に同様にC－ｅ、ｆとなる。

---

　　①主キーワードA／副キーワードａ、副キーワードｂ

　　　　A－ａ

　　　　A－ｂ

　　②主キーワードB／副キーワードｃ、副キーワードｄ

　　　　B－ｃ

　　　　B－ｄ

　　③・・・・・・・・・

2　段落の構成

(1) 各段落で書く内容

　　計約 3000 字の場合である。

　　①第１段落／はじめに／取上げたA、B、Cの理由と論述方法について述べる。 300 字程度。

　　②第２段落／現状・課題・対応／Aの概要について述べて、A－ａ、A－ｂそれぞれの内容を含めて論述を展開する。 800 字程度。

　　③第３段落／現状・課題・対応／Bの概要について述べて、B－ｃ、B－ｄそれぞれの内容を含めて論述を展開する。 800 字程度。

　④第4段落／現状・課題・対応／Ｃの概要について述べて、Ｃ－
　　ｅ、Ｃ－ｆそれぞれの内容を含めて論述を展開する。800字程度。
　⑤第5段落／まとめ／「はじめに」の内容に正対してＡ、Ｂ、Ｃ
　　から、分かったこと、新たな課題を書く。300字程度。
(2)　段落間の接続詞
　　　各段落だけの内容を書くのは容易であるが、第2段落以降が前
　段落までの内容を受けて次の段落につながることを示す必要があ
　る。この点が論文を書く上での大きな秘訣である。これがアカデ
　ミックライティングの手法であり、学術的文章の書き方といい、
　英語、日本語の解説本が大いに参考となる。

3　学術的文章の評価

　　論文成績評価のＳＡＢＣ…は、字数や内容に応じて評価者である
　大学教員が付けるものである。字数が最大量で内容の高度なものは
　ＳやＡとなる。字数と内容の二者は車でいう両輪とも考えられ、字
　数は少なく内容も低いとなれば高評価は期待できない。

Ⅱ　アカデミックライティング

1　アカデミックライティングとは何か

　　アカデミックライティングとは、学術的文章を書くための技術で
　ある。学術的文章には、授業レポート、卒業論文、修士論文、博士
　論文、などがある。つまりは、大学・大学院で課される文章はアカ
　デミックライティングの特徴やルールに基づいて表現することが重
　要である。
　　文章の構成は、段落（パラグラフ）に配慮し、文をどのように組
　立てるか、段落間をどのようにつなげるかがポイントである。また、
　説得法であり、英語流のプレゼンテーションを学ぶことが大切であ
　る。

学術的な文章の基本構造では、①トップダウン的に、②大事なことを先に、③サポート的なことは後に、と配慮することが大切である。日本語でも回りくどい表現は学術的文章とは言えないのである。

2　アカデミックライティングの解説本

　　大学レベルの文章を作成するには、日本語、英語などで論理的な文となるように書かなければ価値がない。そのため、アカデミックライティングに関する参考文献をいくつか掲載する。

⑴　渡邊淳子著『大学生のための論文・レポートの論理的な書き方―日本語でアカデミック・ライティング―』研究社、2015年、(A5、p.102)

　　大学生向け。論理的な文章の型を身に付け、書くことに対する苦手意識を軽減させる。日本語による論文の作成法である。

⑵　西川真理子著　橋本信子著　山下香著　石黒太著　藤田里実著『アカデミック・ライティングの基礎―資料を活用して論理的な文章を書く―』晃洋書房、2017年、(B5、p.140)

　　大学生向けで論理的な文章の作成法である。表現上のルール、信頼できる資料の探索の仕方、論理型レポートを作成する人向け。演習内容もある。プレゼンテーションのコツ、自身でレポートを作成することができる。

⑶　迫桂著　徳永聡子著『英語論文の書き方入門―ACADEMIC WRITING―』慶應義塾大学出版会、2012年、（B5、p.175)

　　大学生人文学系向けの英語による学術論文作成法である。英語で学術的な論文を書くことが柱である。

⑷　一橋大学英語科編著『英語アカデミック・ライティングの基礎』研究社、2015年、(B5、p.84)

　　大学生向けの英語によるライティング向け文章の作成法である。聞く、話す、読む、書くの「コミュニケーション」原理の再確認用である。

(5)　Alice Oshima　Ann Hozue『Writing　ACADEMIC　ENGLISH』Longman 1999年、(A4小、p.269)

　　海外大学留学生向けである。全文英文。論文としての文章をどのように構成するかがポイントである。

(6)　桜井邦朋著『アカデミック・ライティング—日本文・英文による論文をいかに書くか—』朝倉書店、2007年、（B5、p.131)

　　大学院生や研究者向けの研究論文の作成法である。研究生活の長年の経験が生かされている。英文で研究論文を書く人向けである。

Ⅲ　接続詞が決め手

1　接続詞とは何か

　文章全体をどのように組立てるかについては、段落（パラグラフ）に配慮し、各段落をどのようにつなげるかの接続詞が重要な役割を担っている。「また」「そうして」などの類であり、単語・連語・節または文を接続する語である。

　文書作成において接続詞を使うことにより文章は論理的になるのである。

2　接続詞の機能

　接続詞は、4つの機能に分類される。

(1)　論理：因果関係を用いて読者に期待させる…順接、逆接（「だから」「しかし」など）

(2)　整理：類似のものを並べて整理する…並列、対比、列挙（「そして」「一方」「次に」など）

(3)　理解：別の側面から読者の理解に歩み寄る…換言、例示、補足（「つまり」「たとえば」「なぜなら」など）

(4)　展開：区切りを示して流れを意識させる…転換、結論（「さて」「こうして」など）

3 接続詞の解説本

　　大学レベルの論文を作成するには、日本語、英語などで論理的な文となるように書かなければ値打ちがない。そのため、接続詞に関する参考文献をいくつか掲載する。

⑴　石黒圭著『書きたいことがすらすら書ける！　「接続詞」の技術』実務教育出版、2016年、（B6、p.206）

　　接続詞は、書き手にとっては文章を書きやすくし、読み手にとっては文章を読みやすくする、書き手・読み手双方にとって役に立つ言葉である。第一人者が、接続詞の効果的な使い方を伝授する。切り取れる接続詞一覧表付き。

⑵　沖森卓也著『文の論理は接続語で決まる　文章が変わる接続語の使い方』ベレ出版、2016年、（B6、p.343）

　　理解しやすい文章を書く、または話すためには、文相互の関係に応じた適切な接続語を選ぶことが必要になる。接続語の役割・効果的な使い方・ニュアンスの違いを豊富な例文で解説する。

⑶　小川仁志著『5日で学べて一生使える！　レポート・論文の教科書』筑摩書房、2018年、（新書、p.190）

　　大学でのアカデミックライティングの指導を通じて得た経験をもとに、レポート・論文の書き方を解説する。定期試験のレポートをはじめ、大学入試から卒業論文まで使える実践的なアドバイスが満載である。実際の添削レポートも収録されている。

⑷　石黒圭著『文章は接続詞で決まる』光文社、2008年、（新書、p.253）

　　総論、各論、実践編の順に接続詞を追い、その全体像を解説する。実際の文章を書くときに役立つ接続詞使用の勘どころを紹介する。接続詞の多種多様な役割を知り、効果的に使い分けるセンスを磨くための本。

⑸　吉岡友治著『文章が一瞬でロジカルになる接続詞の使い方』草思社、2017年、（B6、p.191）

　「つまり」はなくてもわかる。「したがって」は自然的、「だから」は主体的…。文章の方向を決め、決定的な影響を与える接続詞に注目し、より論理的（ロジカル）で明瞭な文章の書き方を解説する。

(6)　山口拓朗著『文章が劇的にウマくなる「接続詞」』明日香出版社、2019年、（B6、p.213）

　前述から後述への渡し船が接続詞である。また、接続詞の役割は、「クルマのウィンカー」であり、読む人に文章の行く先を教えることであると解説する。

◀ **Ⅳ　論文としてのレベル**

　論文のレベルの最高峰に位置付けられるのは、大学教員の書く完璧な論文『大学紀要』などである。内容は、最新の話題、世界唯一のテーマ、論述の視点・方法など大いに参考となる。

　論文のレベルを仮に10段階で付けるとすれば、大学教員10として、博士9－10、修士8－9、学士卒論7－8、続いて大学生レポート・論文6－7になるものと考えられる。この学生レベルにおいても十分な論理的な研究であることには違いないのである。学生は大学教員の論文レベルに近付ける努力を怠らずに常に良い論文を書くよう意識しておくことが重要である。

Tea Time　大学の歴史⑥
大学令の制定

大学令（大正七年（1918年））
第一条　大学ハ国家ニ須要ナル学術ノ理論及応用ヲ教授シ並其ノ蘊
　　　　奥ヲ攻究スルヲ以テ目的トシ兼テ人格ノ陶冶及国家思想ノ
　　　　涵養ニ留意スヘキモノトス
第二条　学部ハ法学、医学、工学、文学、
　　　　理学、農学、経済学及商学ノ各部
　　　　トス
第四条　大学ハ帝国大学其ノ他官立ノモノ
　　　　ノ外本令ノ規定ニ依リ公立又ハ私
　　　　立ト為スコトヲ得

第10章　論文の書き方２
―実際編―

　実際の論文を例にして、主キーワードAに対し、副キーワードa、b を出し、次に主キーワードBに対し、副キーワードc、dを出している ことに注目してほしい。また、「はじめに」の書き出しには、主キーワー ドA・Bに触れていることが分かる。また、最後の「まとめ」では、「は じめに」を受けてどのような結果になったのか分かるようにする。

　ここでは、実際の論文と引用文献の全文を掲載することは差し控えた いため一部省略し、「はじめに」、「主キーワード」、「副キーワード」など の柱となる大・中の項目が見える程度の内容とした。

　論文は、下書きとして横書きでつくっておけば、縦書き原稿で清書の 必要なときは容易に横書きから縦書きにパソコンで書式を変換できる。 このようにしておけば、縦書き清書時には縦書き原稿を手元で参照しな がら手書きで書き写すことが容易となる。

　参考文献からの引用箇所「・・・（原文のまま）・・・（添字数字小文字)」 の記載は省略した。各人が参考書をあたってほしい。

実際の論文である。学部「科目」
　《例１》法学部「憲法」
　《例２》法学部「国際法」
　《例３》文学部「書論」
　《例４》文学部「書道科指導法」

　参考までに、内閣総理大臣の所信表明演説の原稿を一部抜粋して掲載 する。原稿の構成、書き方、項目立てなどが参考となる。「である調」に 書き換えれば論文となる。
　《参考》総理大臣所信表明演説

《例1》法学部「憲法」

（問）日本国憲法の三大原理について説明しなさい。

I　はじめに

　日本は、アジア初の憲法として、明治時代に大日本帝国憲法を制定し、その後、昭和の第二次世界大戦敗戦後に現在の日本国憲法に改正した。日本国憲法は、大日本帝国憲法の天皇神聖とは異なり、三つの基本原理を掲げ、今日に至っている。この基本原理は、世界に誇れる内容ともなっている。

　日本国憲法の基本原理とは、国民の幸福の増進を図り、自由で豊かで平和な国民生活を行うことを目的としている。三つの基本原理とは、「国民主権主義」、「平和主義」、「人権尊重主義」である。その他に権力分立および法の支配を挙げることもできる。

　ここで、三つの基本原理及び基本原理に関連する内容についても触れながら説明をする。

II　基本原理ができるまで

　　1　ポツダム宣言の受諾
　　・・・・・・・・・・・・・　（内容略）　・・・・・・・・・・・・・

　　2　マッカーサーからの三つの条件
　　・・・・・・・・・・・・・・・　（略）　・・・・・・・・・・・・・

III　憲法前文における三つの基本原理の宣言

　　1　国民主権主義
　　・・・・・・・・・・・・・・・　（略）　・・・・・・・・・・・・・

　　2　平和主義
　　・・・・・・・・・・・・・・・　（略）　・・・・・・・・・・・・・

Ⅳ　人類普遍の原理

Ⅶ　まとめ

　日本国憲法の三つの基本原理を説明するに当たり、政治的で重要な流れに沿って考えた。流れは、大日本帝国憲法→大戦（ポツダム宣言受諾、敗戦）→神意から民意→日本国憲法基本原理→現在に至っている。現在の日本が世界有数の自由で豊かで平和な生活のできる国になってきていることは明らかである。

　高校時代に、憲法前文を暗記させられたことを思い出し、改めて意義深い教育であったことと今になって回想する。前文が、第一条以下の本文各条の解釈に指針を与えるものであることも改めて認識できた。

《例2》法学部「国際法」

（問）国際社会の様々な分野が国際法の規律対象となってきたが、その
うちの1つを選択し、その選択した理由を明確にした上で、その分野
での国際法の主体、国際法の法源に関して特徴的な側面について論じ
なさい。そのうえで、その分野で最近2年以内に起きた具体的な事例
をとりあげて、適用された国際法の規定の内容についてその意義を論
じなさい。

Ⅰ　はじめに

　国際法のうち、国際環境法を取り上げ、地球上で起こる事故や保護に
ついての視点で考えることとする。事故や保護の対象として、船舶に起
因する汚染事故、武力紛争による環境保護、陸から海に流す陸上起因汚
染、国境を越える大気汚染、オゾン層の保護、気候変動のもたらす影響、
原子力事故、自然・文化の保護等がある。事故等の処理や環境保護には、
海、空、宇宙、国際犯罪、国際経済、国際環境、武力紛争などについて、
各国の総意で国際法を規律していく姿勢を示すことが益々重要となって
きている。

　そこで、国際社会では、様々な分野で事故等が多発する中、全人類の
関心事である地球規模での環境等の保護が叫ばれていることから、2005
年2月16日京都議定書の発効に伴い、原子力の二つの側面を考えること
とする。

Ⅱ　国際環境法からの視点

　1　国際環境法における原子力について
　2　国際環境法の主体

3　国際環境法の法源
4　国際環境法の特徴

Ⅲ　国際環境法における原子力について

1　原子力事故
2　京都議定書の発効と原子力発電の推進
3　国際法の規定の内容についての意義
　（1）　原子力事故による放射能汚染
　（2）　気候変動枠組条約／京都議定書

Ⅳ　先行研究の調査

1　法律判例文献情報
2　国際法外交雑誌

Ⅴ　まとめ

　原子力には、事故による放射能汚染の危険及び温室効果ガスの排出削減の役割という二つの側面があり、危険と背中合わせで地球環境を守っていこうとするものである。原子力に関する1986年の二条約は事故後の活動であって、原子力発電の安全性確保には触れられていない。その後、原子力安全条約として原子力発電の施設上の安全確保が述べられるようになった。原子力の安全を達成し維持することが約束され、地球環境を技術で解決する方向が見え、原子力の深刻な事故は将来絶対に起こしてはならないことを改めて理解できた。
・・・・・・・・・・・・・・・・・・・・・・・・・・・・・・・・・・

《例3》文学部「書論」

> （問）唐時代の書論を調べ、納得できると感じた内容を述べてください。

Ⅰ　はじめに

　唐時代（六一八〜九〇七年）は中国の歴史のなかで、王羲之書法の隆盛、空海などの三筆の活躍があって、書の盛大に行われた時期であり、およそ書に関する書体、書品、書法など各方面の基本はこの時代において作られた。また、この時代の書の学習のための書の理論を説いたものも、他の時代に比べて圧倒的に多い。「書についての伝統的な理論も、この時代においてほぼ尽された感がある。」といえる。

　書論とは、実際に書作品が書かれ、「鑑賞され、品評され、伝承されてゆく過程で、書に関する思索が深められ、感性が磨かれ、書をめぐる人間のさまざまな営みが展開されてきたそれらの足跡を、資料に即しながらたどる。」ことを指す。

　ここでは、唐時代の書論作品、孫過庭『書譜』及び張懐瓘『文字論』について述べることとする。

Ⅱ　唐時代の書論作品と納得できる内容

　1　孫過庭『書譜』
　　(1)　孫過庭について
　　(2)　納得できると感じた内容／原文（書き下し文）
　　(3)　自ら感じた内容
　2　張懐瓘『文字論』
　　(1)　張懐瓘について

⑵　納得できると感じた内容／原文（書き下し文）

⑶　自ら感じた内容

Ⅲ　まとめ

　孫過庭は、「書品、書体、書法および具体的な学書の法の微細な専門的な方面にもおよんで、つぶさにこれを論じた。」この点では及ぶ者のない書論ということができよう。今日なおこの一書が、書を学ぶ人の指針となっていることを考えても、その価値の高いことが分かる。参考までに、孫過庭作品及び張懐瓘作品を図版にして添付した。

　書論は難解であるものの、書道史履修後の学習であったことから理解が早まった。書論を通じて、書道における発想の原点や生き方を知り書道がどのような変化をとげてきたかを知ることができた。また、「感動だけでは美の様式は成立しない」ことも理解できた。

　私自身齢を重ねて分かる思慮深さや物事によく通じた精通する域に近づくことで、「書譜」「文字論」の一部に感銘を覚えるものである。

　最近、台北故宮博物館を鑑賞した。孫過庭の存在を知らないでいたが、改めて出掛けてみたい。

《例4》文学部「書道科指導法」

(問)「高等学校芸術科書道Ⅰ」において、「漢字仮名交じりの書に親しもう」という単元を構想し、そのうちの任意の1時間分（50分）の授業展開を示しなさい。

Ⅰ　はじめに

　高等学校学習指導要領が改訂された。重視されたことは、資質・能力を一層確実に育成すること、知識の理解の質をさらに高め、確かな学力を育成すること、などである。

　「書道Ⅰ」においては、「書道の幅広い活動を通して」芸術としての書についての表現や鑑賞の理解を深めるとともに、用筆・運筆、字形、全体の構成など、また、書の表現効果や漢字と仮名の調和した線質などについて理解できるよう指導することが大切である。ここでは、「漢字仮名交じり」に関する学習指導案の概要を示すこととする。

Ⅱ　単元構想

1　単元名「漢字仮名交じりの書に親しもう」
2　単元設定の理由
3　単元の目標
　⑴　【書への関心・意欲・態度】
　⑵　【書表現の構想と工夫】
　⑶　【創造的な書表現の技能】
　⑷　【鑑賞の能力】
4　単元の学習計画（8時間扱い）
5　単元の評価基準

Ⅲ　本時の学習（7/8時）

1　本時の主題
2　本時の目標
3　本時の展開（授業展開）
　⑴　導入（10分）
　⑵　展開（30分）
　⑶　まとめ（10分）

Ⅳ　評価

1　表現や鑑賞を理解する。
2　表現力を図る。
3　線質や書風の技法に習熟する。
4　造形的要素を把握する。
5　主体的な学習、批評する活動を行う（ワークシート）。

Ⅴ　まとめ

　「書道Ⅰ」は、「書の美を味わい」とあり、書道Ⅱ「書の美」へ関連するように指導することが重要である。「書の美」は「芸術」に置き換えられる言葉でもある。「美や芸術」を通して、「書の創作」へと美しさを感じられるように目指すことが必要である。

　指導にあたっての大きな柱には、漢字（楷書・行書・草書・隷書・篆書）、仮名（平仮名、片仮名、変体仮名）、漢字仮名交じり、がある。この三柱における資質・能力の育成には、違いのあることが分かった。

　五島美術館で源氏物語の本物に出会う喜びがあった。実物の書体・書風、紙面構成など自身の創作に活かすヒントを得られた。

《参考》総理大臣所信表明演説

令和元年10月4日　第二百回国会における内閣総理大臣所信表明演説（一部抜粋）

一　はじめに

　第二百回国会に当たり、所信を申し上げます。

　日本国憲法の下、第一回の国会、初の国会が開かれた昭和二十二年、戦争で全てを失った我が国は、いまだ、塗炭の苦しみの中にありました。

　しかし、この議場に集った先人たちのまなざしは、ただ未来にのみ向けられていた。ひたすらにこの国の未来を信じ、大きな責任感の下に議論を重ね、そして、力強い復興を成し遂げました。高度成長を実現し、平和で豊かな日本を、今を生きる私たちに引き渡してくれました。

・・・・・・・・・・・・・・・・・・・・・・・・・・・・・・・・・・・・

二　一億総活躍社会

（教育無償化）

（一億総活躍社会）

（全世代型社会保障）

三　地方創生

（成長戦略）

（農産物輸出）

（災害に強い故郷（ふるさと）づくり）

（中小・小規模事業者）

（経済最優先）

四　外交・安全保障

（自由貿易の旗手）

（地球儀を俯瞰（ふかん）する外交）

（新たな時代のルールづくり）

五　おわりに

　「提案の進展を、全米千二百万の有色の人々が注目している。」

　百年前、米国のアフロ・アメリカン紙は、パリ講和会議における日本の提案について、こう記しました。

　一千万人もの戦死者を出した悲惨な戦争を経て、どういう世界を創っていくのか。新しい時代に向けた理想、未来を見据えた新しい原則として、日本は「人種平等」を掲げました。

　世界中に欧米の植民地が広がっていた当時、日本の提案は、各国の強い反対にさらされました。しかし、決して怯（ひる）むことはなかった。各国の代表団を前に、日本全権代表の牧野伸顕は、毅（き）然として、こう述べました。

　「困難な現状にあることは認識しているが、決して乗り越えられないものではない。」

　日本が掲げた大いなる理想は、世紀を超えて、今、国際人権規約をはじめ国際社会の基本原則となっています。

・・・・・・・・・・・・・・・・・・・・・・・・・・・・・・・・・・・・・

Tea Time　大学の歴史⑦
私立の大学

　新大学令においては官立のほか公立および私立の大学をも認めることとした。

　各私立学校は、大正九年二月慶応義塾大学・早稲田大学の昇格、同年四月明治・法政・中央・日本・国学院・同志社の各大学が昇格、以後東京慈恵会医科・龍谷・大谷・専修・立教・立命館・関西・東洋協会（のちの拓殖）・立正・駒沢・東京農業・日本医科・高野山・大正と二二大学が昇格を認可された。

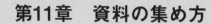

第11章　資料の集め方

　レポート・論文を論述的に書くこととは、教科書のみを整理してまとめることではない。書くにあたっては、関係する参考図書、学術論文などにも目を通し、自身の考えについて自分の言葉で論旨を展開させ筋道を立てて述べることが重要である。特に学術論文は、接する機会が少ない上に、存在すら分からないことが多い。しかし、大学図書館などには論文の紙ベースで書棚にあるものもあれば、Web検索できる文献もある。特別に検索が必要なものは、司書に相談しながら一緒に検索することが必要である。

Ⅰ　教科書の精読

　配本教科書は、全文を通読するためサッと一読するか読み流す。段落ごとに重要だと思ったポイント箇所があれば、本の各頁の余白上部（縦書き本）、余白左部（横書き本）に鉛筆でカッコマーク半円（　や○印を付す。教科書を二度目に読むときは鉛筆で印をしたそのポイント箇所だけを精読することとする。自分の本であればマークは自由に書ける。借りた本はコピー上に同様のマークを付ける。

Ⅱ　図書館・司書の活用

1　図書館等の活用

　(1)　大学図書館

　　　学部学科に関係する図書は、在学する大学に全てが揃っている。

　(2)　公立図書館

都道府県立の公立図書館の蔵書数を調べ、蔵書数の多い図書館を活用する。ちなみに東京都立中央図書館の蔵書数は200万冊である。

(3) 国立国会図書館

図書その他の資料を収集して、国会議員の職務の遂行に役立たせるとともに、行政・司法の各部門および国民に対し図書館奉仕を行う国会付属の図書館である。国内発行のすべての図書の納本を受ける。国会議事堂わきにある。

(4) 論文検索

①インターネット　②大学等の有料検索サイト

2　司書の活用

図書館司書は資料を調べるプロである。先行研究調査においては論文検索のヒントを得られる。司書は外国文献も含めて誠意をもって一緒に調べてもらえる強い味方である。ただし、学生側も十分に調べた上で司書に相談することが前提となる。

Ⅲ　名文の入手

学術的文章や新聞などは名文である。特に参考となるのは主に次のものである。

1　『○○大学紀要』

各大学には、『○○大学研究紀要』として大学教員などが毎年執筆している年度ごとに製本された論文集がある。大学には全国の大学の研究紀要が保管されているので、論文を執筆するにあたっては、この紀要から関係する論文を手本としていくつか入手し読込むことで、論点、トーン、書き方などが分かるようになる。紀要とは、大学・研究所などで刊行する、研究論文を収載した定期刊行物をいう。

大学紀要や博士論文などをインターネットで検索する方法がある。

(1) 国立国会図書館HPで調べる

　　自宅からは、国会図書館 HP のデジタル化コレクション NDL ONLINE に入り、大学紀要、大学名を選んでデジタルから検索する。公共図書館からは、国会図書館 HP に入る。

(2)　機関リポジトリで調べる

　　大学の学術成果物を一般に配信するサービスで、各大学が論文などを公開する HP をつくって PDF を公開している。大学紀要のタイトル、執筆者、表紙、目次、本文が検索できる。

2　『○○白書』

　　政府の公式の調査報告書である。日本の中央省庁の編集による刊行物である。『公務員白書』『世界経済白書』『原子力白書』『国民生活白書』『環境白書』など 50 種類ほどがある。政府が外交・経済など各分野の現状を明らかにし、将来の政策を述べるために発表する報告書である。

3　『○○学会誌』

　　学者や研究者が各学会に所属し論文を投稿して発表している。学会を分類すると、①人文・社会科学分野、②生命科学分野、③理学・工学分野がある。例として、「日本地理学会」「日本心理学会」「日本化学会」「土木学会」「日本内科学会」などがある。「学会」と名のつく学術研究団体は 1000 団体以上ある。

〈各大学紀要〉

中央大学
慶應義塾大学
法政大学
日本大学
佛教大学

〈各種白書〉

文部科学白書
公務員白書
環境白書
厚生労働白書

第12章　試験対策

　試験は、レポート提出後に受験できるものである。受験にあたっては、教科書を十分に丁寧に通読し、レポートの作成を通して全体概要をつかんだ後に、筆記試験で内容の理解が問われることとなる。試験対策の準備として何が必要かについて次のようにまとめることができる。

I　試験範囲のまとめ方

　試験が近づいたら配本された教科書をレポート用紙5枚程度にまとめる。まとめた用紙には重要箇所に青線を引き、試験直前には最重要箇所に赤線を重ねる。試験当日は、細かいところはあまり考えずに試験範囲全体の構成を把握するつもりで、その赤線、青線部分だけを何度も構造化して覚え込む。文字を覚えることより、まとめた用紙で範囲全体の構成についてキーワードの関連性を絵としてパターン化して認識する。

II　過去問の研究

1　単位取得のための試験

　単位取得のための試験は、年間に何度か実施されていて、年間の試験回数は大学によって異なる。過去問題集があれば、試験の過去問を知ることができ、各科目の過去に出題された問題の全てが網羅されているから、傾向がつかめ対策が立てられる。過去問を入手できるのであれば、事前に入手しておく。それも数年分準備しておくと各科目の出題の傾向が見えて安心できる。

2　過去問の取扱い

　過去問の取扱いについては、大学によって異なるものの次のような例がある。

(1)　過去問を1年間分まとめて掲載し冊子にして学生に配布している。

(2)　年間に何度か定期刊行物として試験実施後に配布している。

(3)　試験当日終了時に配布している。

(4)　過去問は以前には配布していたが、今はホームページ上に学生のみ閲覧できるようにしている。

(5)　過去問は作成していない。

(6)　学生間で情報交換が行われている。

3　出題箇所の整理

　過去問の出題箇所については、教科書目次の項目を別紙に抜き書きして整理してまとめる。目次と章ごとの項目に対する過去の出題との関係を年代と併せて縦横にして関連性をまとめることである。縦軸が目次の章立てとすれば、横軸に年度、月ごとの試験年月を整理する。表としてまとめると見えてくるものがある。同じ章は再度直ぐには出題されないまでも、その章を外して重点的に学習できる。しかし、同じ章が立て続けに出題されることもあるので油断はできない。過去の出題範囲の章によっては、出題内容は異なっても何度も出てくるようであれば章として重要な章だということが分かる。結局のところ、教科書の各章は重要度の高い項目だと分かる。

　しかし、試験のヤマを大体当てることは邪道であるが、続けて2回以上受験することを考えれば、教科書の半分ずつに範囲を絞り込んで学習することも賢明かもしれない。時間のない中での試験対策は各人異なるが、一回で確実に合格するには並大抵なことではない。教科書の章はむやみにある訳がなく、どの章も大事であることが分かる。本来の学習方法とは、全ての範囲を十分に勉強することであ

る。正々堂々と試験に臨むことが重要である。

Ⅲ　試験答案の書き方

1　試験答案の書き方

　試験答案の書き方は、問題文を分析することから始める。答案は一気に文章を小説のごとく書くものではない。このような書き方では論文書きでも失格である。理想的には、見た瞬間で分かるような構造化を図り、新聞のように大見出し、中見出し、小見出しのある書き方をすればよい。そうすれば読み手である採点者は内容を掴みやすい。

2　大・中・小の見出し

　大中小の見出しは、例えば、Ⅰ、1、(1)、など、Ⅰ、Ⅱ、Ⅲくらいの大項目立てが必要である。項目立てが重要で試験開始から5～10分は熟考し答案用紙上の余白にメモ書きで構造化したいところである。Thinking timeをとることが必要である。問題文に正対して章立ての大項目とする見出しのキーワードは何か？、その大項目に続く中見出しのキーワードは何か？、を考えることが重要である。あとは大中見出しに関連するキーワードをいくつか抜き出せば文章として簡潔にまとめられる。

3　参照可の科目

　試験時に参照可の科目に限っては、持参した本が役に立たないことが多い。持参した何冊かの本を試験中に読んでいる時間はない。どの本に何が書かれているかを事前に把握しておくにも参照不可科目の試験対策以上の勉強が必要である。参照可能な参考文献を旅行スーツケース一杯に詰めた受験も可能ではあるが、本の置き場に困るだけである。また、自筆手書き用紙1枚のみ参照可という試験もある。紙の大きさの指定はなくA4や模造紙大でもよいのであるが、出題者の意

図は学生に事前に十分に学習させることにある。試験前に書くこと、まとめることで内容を理解させようとの出題者からの配慮である。「学習における脳への刺激は、ペンを持つ手の指先から入る」のである。目からでもなく耳からでもないことは誰もが承知していることである。

第13章　論文試験の分析と対策

　大学は、学校教育法第八十三条において、「①学術の中心として、広く知識を授けるとともに、深く専門の学芸を教授研究し、知的、道徳的及び応用的能力を展開させることを目的とする。また、②大学は、その目的を実現するための教育研究を行い、その成果を広く社会に提供することにより、社会の発展に寄与するものとする。」と規定されている。

　以上のことから、大学では、レポートや筆記試験等において、学術的な応用的能力が求められていることが分かる。そのため、説明や論述の多いことが分かる。ここが、高等学校教育までとの大きな違いである。

　ここでは、レポート・論文や試験の実際の出題例を参考に、学生に何が求められているかを分析することとする。◎を付した箇所は特に重要で、レポート編や筆記試験編で共通の内容が、「説明する、述べる、論述する、論ずる」に対応できる力が求められていることが分かる。そのため、設問に正対して回答をつくらなければならない。

　この４つのキーワード以外でも列挙したように、言葉を変えて設問されることに注意が必要である。国語的な意味については簡単に付しておく。

　◎は出題頻度の高い項目　　【　】内は広辞苑の解説である。

I　実際の出題例1　〈レポート編〉

◎説明しなさい／【説明：事柄の内容や意味を、よく分かるようにときあかすこと】

◎述べなさい／【述べる：ことばを連ねて言い表す。文章にしるす】

◎論述しなさい／【論述：論じ述べること。順序立てて考えを表現する

こと】

◎論じなさい／【論ずる：事理を説明する。また、物事の是非をただす】

- 比較検討しなさい／【比較：くらべること。くらべ合せること】／【検討：調べたずねること。詳しく調べ当否を考えること】
- 考察しなさい／【考察：物事を明らかにするためによく調べて考えること】
- カタカナで表記してください／【表記：表面に書きしるすこと。文字や記号で表ししるすこと】
- 分析的かつ批判的に論じなさい／【分析：ある物事を分解して、それを成立させている成分・要素・側面を明らかにすること】／【批判：批評し判定すること】
- まとめなさい／【まとめる：ばらばらだったものを一つの整った状態にする】
- 具体的に記しなさい／【具体的：事物をあらゆる面から、他物との関連を含めて十分に研究してとらえること】
- 簡潔にまとめなさい／【簡潔：表現が簡単で要領を得ていること】
- 位置付けなさい／【位置付け：全体の中でふさわしい位置を定めること】
- 自分の言葉で論評しなさい／【論評：是非善悪などを論じ批評すること】
- あなたの意見を述べなさい／【意見：思う所。考え】
- 議論をまとめなさい／【議論：互いに自分の説を述べあい、論じあうこと】
- 意図を論じなさい／【意図：考えていること。おもわく】
- 紹介しなさい／【紹介：人と人との間に立ってとりもちすること】
- 限界を指摘しなさい／【指摘：問題となる事柄を取り出して示すこと】
- 解説しなさい／【解説：よくわかるように物事を分析して説明すること】

- 特徴を示しなさい／【特徴：他と異なって特別に目立つしるし】
- 分類整理しなさい／【分類：種類によって分けること】
- 構成しなさい／【構成：幾つかの要素を組み立てて一つのものにこしらえること。その組立て】
- 提案しなさい／【提案：案を提出すること】
- 数を求めなさい
- 設問に答えなさい
- 訳しなさい
- 和訳しなさい
- 自分の考えも述べなさい
- 検討しなさい

Ⅱ　実際の出題例2　〈筆記試験編〉

◎説明しなさい
◎述べなさい
◎論述しなさい
◎論じなさい
- 記入しなさい／【記入：書き入れること】
- 大意を書きなさい／【大意：大体の意義。あらましの意味】
- 演繹しなさい／【演繹：意義を推し拡げて説明すること】
- 整理しなさい／【整理：乱れた状態にあるものをととのえ、秩序正しくすること】
- 要約しなさい／【要約：文章などの要点をとりまとめて、短く表現すること】
- 評価しなさい／【評価：善悪・美醜・優劣などの価値を判じ定めること】
- 詳述しなさい／【詳述：くわしく述べること】

- 概観しなさい／【概観：全体をざっと見ること】
- 構想しなさい／【構想：考えを組み立てること】
- 解説しなさい
- 紹介しなさい
- まとめなさい
- なぜですか
- 違う点はどのようなところですか
- 例を挙げなさい
- 現代文にしなさい
- 訳しなさい
- 語ってください
- 答えなさい
- 論評しなさい
- どう考えますか

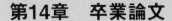

第14章　卒業論文

　卒業論文とは、大学生としての学習の集大成として学術研究となるようまとめることである。長い年月をかけて大学教員からの指導を受けながら、指導で身に付けた力を論文として形にしてまとめることである。また、これまでの講義や科目の中で発見した新たな興味・関心のある分野で思う存分に研究することである。

　卒業研究の全体を1枚の用紙で図解して表現するとなれば、どのように表すことができるのか。この点については、研究の構想図として1枚に分かりやすくまとめる必要がある。このキーワード集が詰まった構想図は課題の整理にもなり、また、論文の目次にもなって、順を追って論述できる手掛かりにもなる。さらに研究を深めるためには、テーマの選定理由、先行研究調査などをさらに詳しく解説することが必要である。

　『卒業論文作成の手引き』などの解説書は、各大学が作成している。

◀ Ｉ　テーマの選定方法

　卒業論文のテーマの選定にあたっては、今まで学んできた専門分野の科目の中で関心のある一つの単語を挙げる。その単語をキーワードとした本や論文を探し、さらに本や論文から広がる関心のあるサブキーワードを一つ見つける。

　次にメインキーワード、サブキーワードを織り交ぜた「研究したいこと」の内容を文章として2000字で書く。その文章と同じ内容となるよう字数を縮めて、1000→500→200→100→50→20字と書いていくと、最後に残った単語の集まりが研究テーマとしての主題、副題となるキーワード集になる。

Ⅱ　先行研究調査

　先行研究調査とは、主キーワード、副キーワードを基に大学図書館等の検索機能を活用して、「新しいテーマ」が世界の論文の中に同じテーマとして存在しないことを調査することである。検索結果は印刷しておき、似通う論文があればキーワードの一部を変更する。

　例えば、テーマの主題A、副題Bとすれば、$\boxed{AB}$ と同じ視点とならないように $\boxed{A'B}$、$\boxed{AB'}$、$\boxed{ABC}$ などとテーマのキーワードを一部変えて、$\boxed{AB}$ とダブらないテーマとする。研究の視点や切り口が一部異なるだけで「世界に一つだけの論文」に仕上げることができる。

Ⅲ　研究の構想図

1　研究の構想図

　研究の構想図とは、目次を読まずに図を見ただけで研究内容のキーワードが順を追って分かるように図解したものである。研究の流れを一目瞭然とすることができる。研究したい主キーワードA、B、Cが出たら、さらに細かな内容に入る。大項目Aに関する内容に続いて中項目としてリストアップしたキーワードをa、b、cとする。同様にBには、d、e、fとし、Cには、g、h、iとし、大項目、中項目立てをする。次に中項目aの中に、小項目のキーワードをa'、a''、a'''とする。同様に、bの中にb'、b''、b'''とし、cの中にc'、c''、c'''とする。最後まで大から中、中から小へと項目を箇条書きにリストアップし、これらを順に並べてみる。キーワードの一語ずつを書いた付箋を用いて、大きな紙上に並べていくと項目だけを図解した構想図としての全体図ができ上がる。

　これらをさらに全体から眺め、現状、課題、対応と並べ替えて図を完成させる。研究構想を1頁で表現するための手法である。

2　構想図の描き方

　　構想図を描く方法としては、Excel を使い、セルのひとマス幅を横幅 5 mm 位に狭くしておけば、セル 2 つでも 5 つでも 1 つの枠としてつくることができる。この方法によれば表の外枠マスの大きさを大小どんな形にも自由自在に作れることとなる。ここが大小の外枠をつくる秘訣である。セルが大きいままの一つのマスでは、用紙 1 枚全体で縦横の線を自由自在に細かく挿入して引けない欠点が出てくる。枠と枠を結ぶ線はセルの書式設定内の罫線として引ける。研究の構想図は 1 頁で収めるようにする必要がある。Excel での印刷の場合は、どんな大きさの表でも 1 頁に収めることができる利点を活用するとよい。

| 図⑩ | 研究の構想図　国際法 |

| 図⑪ | 研究の構想図　消費生活 |

3　Excel による具体的な活用

⑴　Excel の働き

　　エクセルによる主な働きについて簡単に列挙してみた。家計簿の計算から大学数学レベルに至るまで瞬時に処理できる。

- データ整理／家計簿、住所録
- 表計算、関数／請求書
- グラフ／アンケート集計
- 統計関数／成績表
- 数値計算／数学　など

⑵　表作成と文字入力

　　エクセルの働きの中で超入門となるのが、「表の作成」と「文字入力」である。これができれば、これまでの「表」や「研究の構想図」も簡単に作ることができる。

〈表作成と文字入力の方法〉

①ＡＢＣ横列／セルの列幅を小さく設定する。

②１２３縦行／セルの行高さを小さく設定する。

③全体の格子状の罫線を必要に応じて設定する。

④必要な大きさの部分枠を太罫線で囲む。

⑤部分枠内の全てのセルを一つに結合する。

⑥部分枠内に文字を入力する。

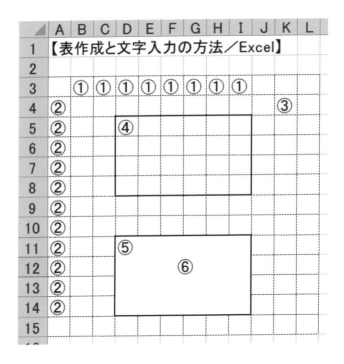

IV　目次の計画

　図解された研究の構想図内の始点から終点までのキーワードを抜き出し、スタートからエンドまで順番にキーワードだけをリストアップする

ことで、大・中・小項目立てが整理され卒業論文の目次としても活用できる。

V　推敲

　原稿がひとまず完成したら、最後に改めて次のことの見直しが必要である。

- 日を置いて推敲する。
- 文字と語句をさまざまに考え練る。
- 誤字脱字を修正する。
- 体裁を統一する。（外から見える形、他人が見たときの感じ）
- 同音異字を訂正する。（例／偶然の一致、貧しい境遇、部屋の一隅）
- 慣用句の誤用を避ける。（例／相づちを打つ、足が地につく）
- 文字の統一を図る。（例／「致します」と「いたします」、「下さい」と「ください」）
- 助詞の最適化を考える。（例／花が咲く：言葉と言葉をつなぎ意味を肉付けする役割）
- 主語、述語の整合性を確認する。
- 文章が流れるようにリズムをつける。（文を細切れにしないで接続詞で滑らかにする）
- 必要な目的語を挿入する。（動詞の表わす動作の対象を示す単語や句）

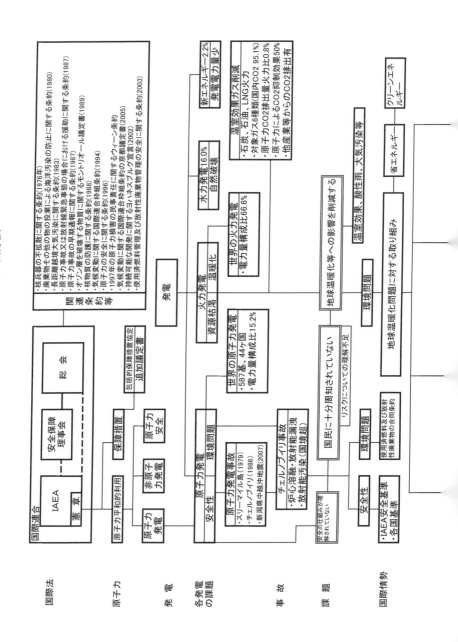

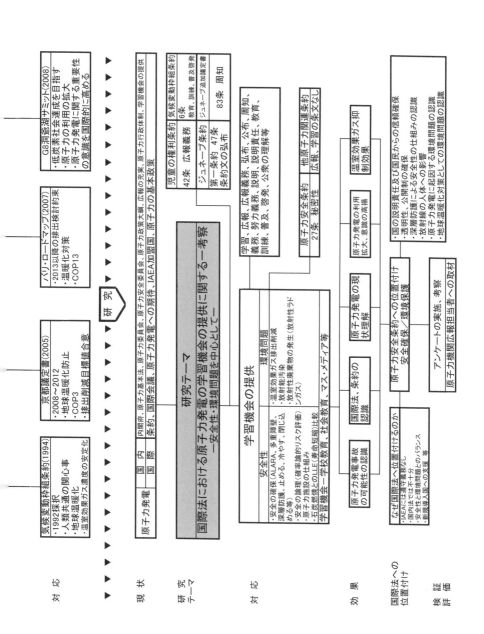

図⑪　研究の構想図　消費生活

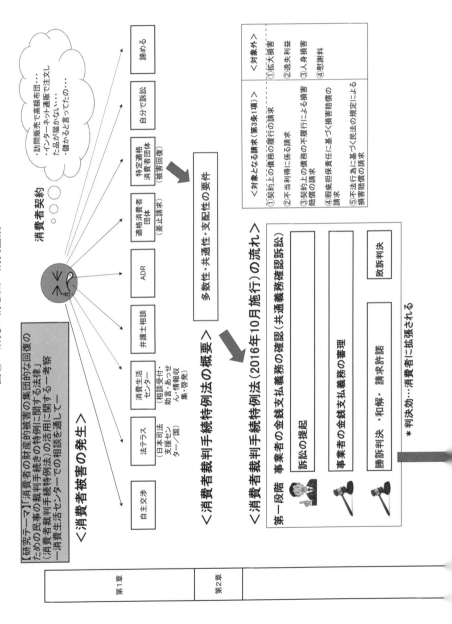

108

第二段階　消費者への支払額を確定（対象債権の確定手続）

…簡易確定手続の開始の申立（特例法第14条）
消費者へ裁判手続参加の呼び掛け（通知・告知）

裁判手続への加入（授権手続・債権届出）

債権に対しての認否

債権額（消費者への支払金額）の確定

① 全部認めたとき→債権確定
② 債権の全部又は一部を否認したとき→団体が意向を踏まえ認否を争うか否かを判断

裁判所の審尋は、団体と事業者（対象消費者は意義申立に審尋に審尋はない）

団体、事業者、対象消費者は意義申立手続へ
→通常訴訟手続へ

消費者への支払い

① 対象となる請求が限定されている
② 資金力・人力の問題
③ 事業者が破産すると勝訴しても債権回収が困難

＜特定適格消費者団体と消費者裁判手続特例法＞

＜消費者裁判手続特例法と消費生活センター＞

＜消費者裁判手続特例法と国民生活センターのADR＞

＜消費者裁判手続特例法の問題点＞

図の解説……　特定適格消費者団体　　裁判所　　消費者　　事業者

Tea Time　大学の歴史⑧
新制大学の制度

　昭和二十二年（1947年）三月に「教育基本法」を制定した。昭和二十二年四月から学校教育法を施行し、新制の学校は、まず二十二年に小学校および中学校が、二十三年に高等学校が、そして二十四年（一部の私学は二十三年）に大学が発足した。

　新制大学には、夜間に授業を行なう学部を設置すること、および通信による教育を行なうことができることを法制化した。

　設置者別の新制大学数／国立（72）、公立（34）、私立（120）（1953年）

第15章　卒業生の声

　筆者の長年の人生経験において、これまでに出会った人々から、「大学を出て後悔する者はいないが、力がありながら大学に進学しなかったことで後悔している者はいる。」と感じていた。年月を経ていくつになっても、学習意欲のある人は大勢いるものだと通信生になって分かったことである。

　ここでは、大学で学びたいと欲している力をもった人々への励みになる言葉を色々と集めてみた。大学通信教育全般にも触れながら、大学通信教育の学習などの概要と通信教育卒業生の声を簡単に紹介する。大学入学前後の変容についてよく分かる内容である。卒業生からは、異口同音に、「学び方を学んだ」、「学べる喜びを与えてもらった」、「先生の指導欄の言葉には、いずれも「愛」がある」、「無知を悟り精進に終わりはない」、などの大学教育での成果に感動している。

　さらに、大学通信教育課程に学んだ卒業生からの茨の道として、入学動機、学習の方法などの困難な状況や苦難の多い学生生活、支えてくれる仲間がいる楽しい学習会の様子などについて、項目に沿って声をまとめてみた。

◆　I　大学卒業生の通信教育ひとこと表現集

◎大いにある

◎◎◎学び方を学んだ。
◎◎◎学べる喜びを与えてもらった。
◎◎◎先生の指導欄の言葉には、いずれも「愛」がある。
◎◎◎無知を悟り精進に終わりはない。

◎◎通教課程の卒業を目指すことで生まれる力があった。

◎◎強い信念があれば必ず卒業できる。

◎◎少しずつでも毎日時間を作り、教科書を通読することが基本である。

◎◎培った考察力と忍耐力をこれからの人生に活かす。

◎あきらめない夢は絶対に終わらない。

◎卒論必修生としての誇りがある。

◎敵は己の中にあった。

◎意志あるところに道は開けると確信した。

◎通教は第二の青春、そして、これからの人生の糧へ。

◎学問はおもしろい！もっと色々知りたい。

◎自分一人が独学で苦労しているわけではない。

◎苦しいからこそ、真剣に考え、力が育つ。

◎添削を受けているうちに、徐々に合格のコツをつかむことができる。

◎レポートでは、何通も不合格になったが、コツは「諦めない」こと。

◎レポートの書き方やコツをつかみ、苦しさよりも楽しさが増した。

◎充実した日々を誇りに思う。

◎物ごとに対する考え方に大きな幅をつくり、人生の大きな糧になる。

◎学問の本質を教わったことと、自己の考え方を変えさせてもらった。

・楽しく学べたことに感謝でいっぱいだ。

・贅沢な21年間であった。

・通教システムをしっかり学ぶことから始まる。

・ここで得た確かなものが沢山ある。

・通教のすばらしい学びと出会いに感謝している。

・私にとっての「第二の青春」であった。

・苦しみ、もがきながらもそれなりに楽しい8年間だった。

・レポート学習の大切さが身に染みた。

・大学女子大生活は幸せだった。

・苦味と旨味を味わった。

- 後悔多くして卒業、されど満足である。
- 入学しようとした時の決断は間違っていなかった。
- 大学生として過ごせたことを誇りに思う。
- 一回り成長できる試練を求めていた。
- 卒業への道はとても長くて険しく、何度も挫折を繰り返した。
- 叱咤激励してくれたのが学習会で出会った先輩や友人である。
- 性別や年代を問わず、様々な友人たちとの交流で刺激を受けた。
- 何もやらない月は作らない、行き詰まったら少し間を置く。
- 見事にゴールできたときの感慨はひとしおである。
- がむしゃらに勉学に励み、苦難を乗り越え、楽しみながら過ごした。
- スケジュールを考える際は、最低 1 回は出し直しになると決める。
- 休日の大半が勉強に消える。
- 科目の本質が見えるように教科書を読み込んでいく。
- 初心忘るべからず。
- 激励の行間にある先生方の愛を読み、感じ、感謝して自らを鼓舞する。
- 論文形式のレポートは、正直骨の折れる作業だった。
- 素晴らしい先生方の講義を受けないなんて損をする。
- 講義は喰らい気味、前のめりで受け、休み時間には質問をしていた。
- スクーリングを受講しなければ色々な場所に行くことはなかった。
- スクーリングをフル活用して単位を早めに取る。
- SNS で知り合った諸先輩方には、多くのアドバイスをいただいた。
- 学習会は、つまずきやすい項目を取上げていて、きっかけがつかめる。
- SNS（主に Twitter）を通じて、通教生の方々と交流できる。
- 年齢の差を超えた友情が忘れられない。
- 味わい深く学ぶことのできる喜びがあった。
- 仕事との両立は本当に苦難の連続だった。
- 卒論作成には何度も苦労し、心折れ、泣いた。
- 家族の支えと、スクーリングの光景の感動があったから続けられた。

- 出張先に分厚い参考書をたくさん持って死に物狂いで仕上げた。
- 卒論に合格したときは涙が出るぐらい嬉しかった。
- 何度も図書館に足を運び、書き上げたときの達成感が忘れられない。
- 昔からの夢をひとつ叶えたという思いがある。
- レポートを書くことは、集中力を高めるための一つのツールである。
- 真摯に取り組んでいれば、同じように取り組む人と仲良くできる。

Ⅱ　通信教育卒業生の具体的な話

1　★★入学動機について★★

- 雀の涙ほどの賞与を全て入学金に充てたのを今でも覚えています。今考えれば、あの時の決断は間違っていなかったと、胸を張っていうことができます。
- 一年次から入学し8年という長きにわたり通信教育部にお世話になりました。30代のほとんどを大学生として過ごせたことを誇りに思い、大変感謝しております。
- 国立大学の夜間が主になる学部に進学するか、都内の大学の通信教育に進学するかしばらく迷っていた時に、まずは正社員として安定させてから大学で勉強しようと決心したのです。
- 当時、未熟な社会人として、組織の不条理や仕事の困難さ、人間関係などに思い悩み、漠然と、一回り成長できる試練を求めていたように思います。
- 資格取得を目指し、昼夜間わず仕事の合間を縫いながらも勉強に励み、2年を費やしようやく試験を突破し、学問はおもしろい！もっと色々知りたい、これがまさに入学の動機となりました。

2　★★在学中に苦労したこと★★

(1) 学習について

- 何をどのようにすればよいのか全く皆目見当がつきませんでし

た。

- 通信教育課程に入学はしたものの、学習活動と言えば数通レポートを提出しただけでした。そして、眼前に広がる光景に圧倒されました。そこにあったのは心震える学び舎の光景でした。

- 卒業への道はとても長くて険しく、何度も挫折を繰り返し、一度は卒業を諦めましたが、再度チャレンジして、やっと卒業することができました。

- 初めからレポートが行き詰まったり、教科書や参考文献を何度読んでも理解できなかったりしたことやげんなりしたことが多々ありました。

- 卒論が書けるのか？やっぱり卒業は無理じゃないかと全てを投げ出したくなることが何度もありました。それを粘り強く叱咤激励してくれたのが学習会で出会った先輩や友人たちでした。

- 自分で決めたルールは、何もやらない月はつくらない、行き詰まったら少し間を置く、もしくは他の勉強で気分転換する、ということだけでした。

- もっとよく勉強していればそれらを取り上げ、レポートや卒論をもっと中身の濃いものにできたのではないだろうかというところです。

- しばらくの間、届いた教科書は部屋の隅で眠っていました。大学生であることを否応なく思い出し、半ば諦めの気持ちで教養科目のレポートから手をつけ始めました。

- 自分一人が独学で苦労しているわけではないこと、卒業という共通の目標を目指す学友の存在を実感し、絶対に卒業まで漕ぎ着けてやるという執念めいた感情が徐々に湧いてきました。

- 何とか最後まで踏ん張れたのは、ありきたりですが、家族の協力、そして夏期スクーリングをきっかけに声を掛け合うようになった数少ない学友がいたからだと思います。

- 日々の勉強では、少しずつでも毎日時間を作り、最初に教科書を通読することが学習の基本だと思います。
- 科目ごとの推薦図書を購入して、教科書と一緒に併読しました。
- 老眼・記憶力低下が進む中、仕事と学習の両立、特に勉強時間の創出と仕事の疲労の克服に悩みました。人生の荒波を乗り切る「胆力」が卒業を目指すことで鍛えられました。
- 入学して4年、やっと卒業できました。「やっと」というより「あっという間に卒業」したという感覚が強いです。
- 通教について、少しでも疑問が残るときは、Webサイトから事務室にたくさん質問をしました。いつも丁寧な回答ありがとうございました。
- 学習は比較的に順調に進みました。それでも、レポートが不合格になることもままあり、ひどく落ち込んだこともありましたが、なんとか学習は続けていました。
- 通教での学習はマラソンに似ています。ゴールまでの道のりは長く苦しく、途中棄権したい誘惑に駆られることもありますが、見事にゴールできたときの感慨はひとしおです。
- 気がつけばがむしゃらに勉学に励み、ときには苦難を乗り越え、ときには楽しみながら過ごしたこの5年間は、私にとってかけがえのない思い出となりました。

(2) レポートについて
- 試験やレポートの不具合で計画どおりにはいかないことも多く、指導票を何枚も貼った厚いレポートに心折れそうでしたが、気持ちを切り替えて取り組みました。
- 入学したばかりの方は安心して下さい。添削を受けているうちに、徐々に各科目に共通するレポート合格のコツをつかむことができると思います。
- 通学生と違って、通教生は自分以外にスケジュール管理をする

人はいません。通教は、「入るは易く出るは難し」なのです。

- レポートを提出するスケジュールを設定していました。在学中は休日の大半が勉強に消えるものだと思って下さい。それが卒業生の真実だと思います。

- 今改めて思うことは、本当に続けられるのか、そして、本当に卒業することができるのかということであった。

- 参考書を駆使しながら課題レポートを書くといった作業をこなすことに目一杯だった。添削されたレポートが不合格となって返却されてくるとやはり落ち込んでしまった。

- 不合格のレポートを見て、何がいけなかったのか、どこを間違えたのか、と確認し、再度レポートを書くという繰返しの作業を行うことで、徐々に通教生活のシステムを学んだ。

- 在校生に対しては、課題レポートを一つずつ集中して書くこととその科目の本質が見えるように教科書を読み込んでいってほしいと思います。

- レポートを書いても合格にならない。そして、科目試験を受験するが単位修得ができないという日々が続き、学問を中断することが度々あったのです。

- 徐々にレポートを書く要領も分かり始め、単位を積み重ねていき、卒業論文を残すのみとなりました。しかし、休学・再入学を重ねた結果、合格しました。

- 何通も何通も不合格になりました。先生の指導欄の言葉には、表現は様々ながら、いずれも「愛」があります。レポート課題の正確な理解と正しい論点の展開を導く貴重な言葉でした。

- 激動の2・3年目は、スクーリングの予定にタイミングを合わせてレポートを合格させていき、スクーリング試験で単位を取る作戦を実行しました。

- 苦労を重ね、提出したレポートが不合格評価で返されたときの

悔しさと絶望感は耐え難いものでした。

- 失敗を繰り返しながらも、気がつけばレポートの書き方やコツをつかみ、苦しさよりも楽しさが増したのは入学後１年経過した辺りからでした。
- レポートの書き方というものは、２週間分の土日計４日約50時間かけ作り上げた人生初の超大作を人生初めて15円分の切手を貼って提出しました。結果はＤ評価で乗り切れました。
- 今まで2000字という文章を作成することがなく本当に完成できるのか不安がありました。結果は散々なものでしたが添削指導があり、何回かの提出でやっと合格点をいただきました。
- 心掛けたことは、再提出の場合はできるかぎり間をおかず１週間以内に提出するようにしました。支部会の学習会にも出席して疑問点を講師にぶつけることにしました。
- 入学後、５月連休にレポートを提出しました。導入教育を受け、６月にスクーリングを受講しました。夏期に２科目受講し、当初のスローペースから脱却を図りました。

(3) スクーリングについて

- 単位修得は全てスクーリングで取りました。理由は、素晴らしい先生方の講義を受けないなんて損をするという思いと独学でレポートと試験のみでは合格できないと分かっていました。
- 初めての講義も衝撃的でした。皆さん、これでもか！というくらい喰らい気味、前のめりで講義を受け、休み時間には積極的に質問をしていらっしゃいました。
- 短期スクーリングを受講しなければ４年間に色々な場所に行くことはなかっただろうと思います。
- 各地で参加したスクーリングでは、本質を極められた先生方の講義に感銘を受け、受講生の前向きな姿勢に背中を押されました。

- 短期スクーリングで全国各地へ行って数多くの科目を学びました。
- 夏期スクーリングへの出席は数年に及びました。校舎外の短期スクーリングもなるべく近い開催地を選んで受講しました。

(4) 卒業論文について

- 卒論は取り掛かりから提出まできっちり1年間かけました。インストラクターによる3回の添削指導を受けましたが、あまり評価がよくなく、そのためにゼミに参加しました。
- 卒論作成には何度も苦労し、心折れ、泣いたか知れません。あの夏期スクーリングの光景の感動があったからです。"学べる喜び"を与えて下さり有り難うございました。
- 卒論レポートが間に合わず、出張先に分厚い参考書や資料をたくさん持って行って死に物狂いで仕上げたのは良い思い出です。
- 卒論に合格したときは涙が出るぐらい嬉しかったです。なかなか思うように書けず、演習や合宿ゼミなどの場で、相談に乗ってくださった先生方には心より御礼を申し上げたいです。
- 5年目にしてようやく卒論の執筆にとりかかることができ、同じく卒論に取り組む支部の仲間と励まし合いながら、卒論の研究に没頭しました。
- 何度も国立国会図書館や県内・県外の図書館に足を運び、書き上げたときの達成感は学生生活の中で最大たるものでした。支えてくれたすべての人に感謝の意を表したいと思います。

(5) 学習会について

- 支部や学習会にお邪魔させていただき、一緒に学習をする機会が増えてきたこともあって、なんとかレポートをこなし、単位を修得していくことができました。
- 学習会は、学生がつまずきやすい項目を取上げているので、参加すると理解するきっかけがつかめるかもしれません。学生会

では本音ベースで学習相談に乗ってくれるところが多いです。

- 近年では、SNS（主にTwitter）を通じて、通教生の方々と交流することもありました。例えば、何かを呟くことで励まして下さる方も多くおられました。
- 学生会支部での学習会や演習への出席も有益でした。年齢の差を超えた友情が忘れられない思い出になりました。味わい深く学ぶことのできる喜びは貴重な体験でした。
- 大学では全て経験したいという思いから、スクーリングや演習、学生会支部会なども積極的に参加し、通信教育という通学形態でありながらも、かけがえのない仲間ができました。

3　★★卒業して変容したこと★★

(1)　卒業してよかったこと

- 通信教育課程の性質上、通学課程とは異なる一筋縄ではいかないハードルが人それぞれありますが、その分、卒業の喜びは深く大きなものになると思います。
- 卒業することができ、大げさではありますが昔からの夢をひとつ叶えたという思いです。
- 40年ぶりの学生生活は、目標に向かって黙々と走ってきた感じです。これでゴールかと思うと寂しいですが、この間の充実した日々を誇りに思います。
- 贅沢な21年間は終わるが、時々の初心忘るべからず、無知を悟り精進に終わりはないと回想する。

(2)　大学に入って変容したこと

- 大学で学んだことは、物ごとに対する考え方に大きな幅をつくり、人生の大きな糧になると感じています。
- 課題レポートに正対して書くことは、説明力を高めるためのものでもある。試験においてもその科目の出題意図は何なのかに対して何を答えればよいのかが分かるようになった。

- 通教は学問の本質を教えてくれたことと、自己の考え方を変えさせてもらった場所である。通教で培った考察力と忍耐力をこれからの人生に活かしていこうと思っています。
- 通教というのは孤独な闘いというイメージがあると思います。真摯に取り組んでいれば、同じように真摯に取り組む人と仲良くなることができるでしょう。

Tea Time　大学の歴史⑨
大学の通信制教育

　学校教育法は大学における通信制教育の制度を明文化した。通信教育によって正規の大学の課程を履修し卒業するみちは、新しい学校教育法によって初めて認められた。

　昭和二十二年、法政大学に初めて開設された通信教育は社会教育として始められ、その後引き続いて同種の通信教育が慶応義塾大学、中央大学、日本女子大学、日本大学および玉川大学にも開設されたが、二十五年三月に至り、これら六大学は、すべて学校教育法に基づく大学通信教育の開設が認可された。

第16章　卒業後の継続学習

　人生は、ものごとを知れば知るほど楽しむことができる。それは知識などを身に付けることで得られる心の豊かさである。この教養とは、たくさんの本から、また、大勢の人との交流から得られるものである。

　知識としての情報の一点一点と、別な知識の点との関連した点と点を結んだ線、さらには線の集まりである面、が見えるようになると、知識個々の点・線・面の部分が相互に関連して全体として体系的にまとまるものである。その後は、ますます知識を得ることが面白くなり、次の段階での知識の吸収に自然とステップアップすることとなる。これが教養を新たに高めるための学習であるといえる。

　大学を卒業すると、在学時のレポートを作成する日々から解放されて、しばらくは時間を今までになく余裕をもって使えることとなるはずであるが、実は在学時の連日連夜、力を出し続けていた人は、これまでどおり力を発揮しないではいられなくなる。大学での高度な学習を通してエネルギーを生み出し活用できる身体に変化していたのである。大学生活で身に付いた知的習慣は学習するバージョンになったままである。こうなると次の卒業後のステップとして、継続してきた学習を活用できないかと考えるようになる。卒業後は、再び大学へ、資格取得へ、趣味の世界へ、などとさらなる学習へと容易に飛躍していきたいと思うようになる。

　ここでは大学卒業後の継続学習について述べることとする。

◀ I 大学再入学

1 学士入学

　大学卒業後も大学他学部等で学習するには、学士入学するのもよい。総合教育科目2年間分は免除されるため、専門教育科目2年間分を学習すればよいこととなる。認定される単位数は40単位程度である。大学によっては、総合教育科目の外国語である語学について必要単位数の修得を義務付けている特別な大学もある。

2 科目等履修生

　好きな科目だけを履修したいということであれば、聴講生や科目等履修生がある。受入れとしては大学の多くが可能ではあるが、出身大学の卒業生に限定している大学もある。

3 大学院進学

　大学院では、学術上の最新の知識が得られる。大学学部とは異なり、レベルの高い修士・博士論文を書くにあたっての指導が受けられる。通信制大学院は27校ある。

◀ II 資格取得

　大学において学習の方法を身に付けたことから、資格取得にチャレンジするのもよい。参考書を通読し、在学時の学習ノウハウを活用すれば、要点整理も簡単にできるようになる。また、試験となっても合格する秘訣を会得しているのが強みである。資格取得は、大方楽な気持ちで挑戦できるようになる。資格が仕事に関連していれば、なおのこと挑戦意欲が湧くものである。

Ⅲ　趣味講座

　苦手な科目があれば、中学生の段階から学習し直すのもよいだろう。このように学習のスタート地点に立ち返ることも考えられる。特に英語は、CDだけの一方通行の学習では、なかなか習得することは難しいが、趣味講座の通信教育などの手段を使えば、添削指導もあり、双方向での理想的な学習の機会を得られる。入門・基礎から始めることで、かつて学習していたことが徐々に思い出されてきて、改めて血となり肉となる力が蘇ってくる。高校レベルまでは直ぐに到達できるものと思われる。

　また、大学などが開講する公開講座がある。大学（短期大学を含む）における公開講座は、平成28年度には全国で年間約4万講座、受講生数は約160万人にのぼるなど、大学の知的資源を活用した国民に対する多様な学習機会があり、生涯学習推進の観点から重要な役割を担っている。

Tea Time　大学の歴史⑩

新制大学院の発足

　旧制大学令には、特に大学院の目的を示した条項はなかった。これに対して学校教育法は、大学には大学院を置くことができると明記し、制度的に認めることとした。

　昭和二十五年度から私立の四大学に新制大学院の設置が認められたのを皮切りに、新制大学の学年進行に伴い、二十八年度には国・公立大学にも大学院が設けられた。

《総括》　ワンポイントアドバイス

　最後に項目別のアドバイスを総括して、レポート・論文の書き方に関するポイントを整理してみました。通信制学生への役立つ的確なアドバイス集です。大学通信教育の学習を通して、生涯にわたって継続して学習する習慣と夢実現へのステップを踏み出して下さい。

Ⅰ　入学時の心構え

1　ヤル気ある通信生には、卒業必勝ノウハウを伝えます。自分の意志で入学したことについては、ヤル気があり、学習意欲があるものと周囲の人々は認めます。改めて、自身が通信生として継続して学習することを意識した時点が、学習のスタートです。

2　通信生は、学習の歩みを止めないことです。1日30分でも毎日机につき本を開くことです。そのうちに習慣化されます。通信生はこれを肝に銘じて学習を実践していくことが大変重要なことです。

3　毎日歩みを進める。これが卒業できるコツです。正月でも盆でも連休でも年中無休です。睡眠時間を削ってでも歩みを止めないことです。睡眠は、時間×深さ＝睡眠面積です。さらに気力が充実していれば、睡眠時間が短くても充実した生活を送ることができます。

4　学習用専用机を近くに置くことです。台所キッチン内やリビングなどに小さな机は置けます。毎日の継続学習には、本を片付けずに開きっぱなしにしておくことがコツです。イスに座ったらその瞬間

127

から学習モード全開になれるのです。本や資料も立てて置ける工夫をするのです。本の横積みは探す手間がかかり時間の無駄です。

5　司法試験合格トップ予備校Aの学生は、各種資格試験に向けて、夜間３時間の講座を仕事帰りの時間帯に真剣に受講しています。通信課程もあります。働きながら勉強するには、強い意志と学習を継続する努力が必要です。何かを犠牲にしてまでも自分の学習中心の生活リズムを築く必要があります。

6　世間では連休でも、通信生は、この時とばかりにレポート書きに専念して下さい。自分を厳しく律し自己管理をして下さい。自分の上司には別の自分がいると思うことです。レポートの提出計画は時間をかけて綿密に立てることです。

7　一番大切なことは、在学中の学習だけで満足することなく、通信教育の卒業後の楽しい生活を夢見ることです。そして、卒業後は夢実現に向けて行動することです。このために通信生として学習を継続していくことが重要なのです。また、知的行動習慣が健康寿命を延ばすことになります。卒業後も継続学習を勧める理由です。

8　ヤル気を高める一番良い方法は、周囲の人の視線を感じながら学習することです。図書館や喫茶店での学習は、自宅での寛いだ雰囲気とは異なり、人の視線を気にしてやや緊張気味になるものです。

9　学生間の複数人とのメールでの情報交換が必要です。手段としてのSMSなどの利用は効果的です。仲間意識も醸成され同じように苦労をしている人がいると思うと心強いものです。メールは現代的な学習ツールとしても有効です。

10 先ずは卒業優先の計画を立てることです。卒業までの修得単位約
124単位以上として、年20単位の修得を目標で6年間、年30単位修得
で4年間となります。卒業論文の計画は、修得単位が半分以上取れ
たらスタートする話です。「教職に関する科目」は他大学でも履修、
修得が可能です。要領よく履修する必要があります。

Ⅱ パソコンスキルの習得

1 入学して最初に揃えるものは、専用のパソコン（オフィス／ワー
ド（文章の作成）、エクセル（データ集計）付き）、専用プリンター
です。卒業するまで使います。格安の品でいいのです。以前の型落
ちで十分です。卒業を1年短縮できることを考えれば学費1年分が
浮き購入費に充てられます。ネットで調べてみて下さい。オフィス
付きパソコンは、ネットで5万円代です。これを参考に量販店で確
認して下さい。

2 パソコンを購入したら、文書をまとめて保管する、フォルダ、フ
ァイルの整理の仕方を習得します。文書の整理、管理については、
労少なく最大の効果を上げる方法を身に付けて下さい。

3 オフィスのワード（入力・編集・印刷・保存）を完全に理解して
下さい。参考書には、学研『500円でわかる』シリーズなどの薄い本
で十分です。ワード、エクセル（数値データを自在に算出し集計や
統計の効率をアップ）、Windows10（OS／コンピュータの有効利用
をはかるための基本プログラム）などの本を購入して学習して下さ
い。

4 ワードでの横書き、縦書きの書式フォーマットなどをマスターす

ると、縦書きで論文を書く場合、論文提出用清書時に原稿を手元に
置きながら論文の手書きができます。

Ⅲ 学習の意気込み

1　レポートは、提出期限を設定しておかないと、日にちは無駄に過
　ぎてしまいます。連休こそ学習のチャンスです。

2　レポート学習では、先ずは大学図書館か蔵書数の多い県レベルの
　公立図書館を利用します。調べ学習をしているうちに、あれもこれ
　も資料が欲しくなります。蔵書検索ではネット検索を活用できるこ
　とから、参考書と学術論文検索サイトの電子データなどの資料を収
　集することです。必要個所のコピーさえ済めば準備は万全です。約
　10冊の学術関係本や学術論文に当たることが最も重要なことで一番
　時間をかけ苦労するところです。コピーした用紙に重要箇所を朱書
　きし、付箋を貼ります。朱書きしたポイントはパソコンに向かって
　ひたすら打ち込むのです。資料収集時のポイントは熟読をしないで
　概要をつかむことです。一方、試験勉強では、試験直前にまとめた
　ものをしっかり熟読し頭に叩き込みます。

3　資料のコピーの仕方と活用としてのポイントと秘訣を伝授します。
　コピーした用紙に赤線や付箋を付けた重要箇所をそのままパソコン
　に打込むのです。先ずは原文どおりに打ち込むことで、「・・・（原文
　のままの記述）・・・」を付ければ一部を引用箇所としても利用でき
　ます。本の題名、ページ、奥付もコピーするのです。約5冊以上の
　本や論文を参照したことについて強調するのです。コピー代はかか
　ってでも本を買うより安く、コピー上に線を引けるのです。フォー
　マットとしてワード原稿は清書前まではA4縦用紙に横書きで書きま

す。これらが用意できたらレポート作成の半分は終わりです。これでひと安心でき、作業の８割方が終了です。資料としての材料集めに時間がかかるだけで、資料は数日内で集めることができます。参考書プラス関連学会等の研究論文も参考とします。

4　研究論文の最高峰に位置付く、『大学紀要』に出会うことが最優先です。『大学紀要』とは、教授などの大学教員が書く大学ごとの研究論文です。『大学紀要』の存在を知ると知らないとでは、学生生活、研究生活の姿勢に大きな差が生まれます。短期間に卒業を目指すだけではなく、学術研究という神髄に触れることです。大学図書館の全てには、全国の他大学の『大学紀要』があります。必見です。この論文のいくつかをコピーしておけば論文書きのノウハウが分かります。

5　論文の構想の視点や切り口は、『大学紀要』が一番参考になります。文章レベルは20歳の学生でいいのです。一方、教授の視点は『大学紀要』レベルで、文章レベルは50歳と仮定。教授と学生との大きな違いは、論文に接する本数にあるのです。教授は研究論文を書き続ける、読み続ける日々を過ごしています。この違いが大きいのです。論文の視点や切り口ができて論点としての項目立てがしっかりしていれば、20歳の拙い文章でも構わないのです。

6　最初は資料収集だけに時間をかけ、重要箇所をコピーしておいて下さい。時間ができたらパソコンに打込むのです。キーワードを入れた多くの字数は欲しいところです。これが論文原稿の参考として活用できるのです。この原稿ファイルは削除しないで原本として保存するのです。次にファイルをコピーしたものに新たなファイルとして上書きし、ファイル名に連番を付けるなどして版を重ね、ファ

イル保存数を適宜増やしていくのです。

7　図書館に連日全日通い詰める「図書館通い合宿」を３日もやれば
論文を構成するための材料を集められます。調査研究としての図書
館での合宿スクーリングです。論文構成のための資料収集ができれ
ばレポート書きは軌道に乗ったことになります。図書館で週末合宿、
日曜合宿、夜間合宿など連続で学習する日程を組むのも自身への負
荷を増やす絶好のチャンスです。

8　自身の分身ノートは、学習計画表を入れて貼ったものを常に持っ
ておくことです。学習計画の書き方のスタイルは何でもいいのです。
これを肴にして自身と対話することです。寸暇、電車内などで常に
頭の中は学習計画の進捗状況について微調整を図ることが必要で
す。レポート、スクーリングなどについて、年間、半年間、月間な
どの計画を立てることが肝要です。

9　レポート、論文、試験、そして卒業論文も、先ずは構想を練るこ
とに時間をかけることです。レポート等の課題を分析して論文の構
想を練りキーワードを出しておくのです。骨組みの項目立てだけで、
論述の良し悪しが決まります。構想として抜き出した、大項目、中
項目、小項目のキーワードを整理して、そのまま明文化すれば立派
な論文となります。

10　論文の出来具合は半分程度でいいのです。もちろん文章として最
後まで完成していることが前提条件です。教授から添削指導を受け
てさらにレベルアップを図るのです。初めから完璧主義ではいけな
いのです。いくら長時間論文書きをしても完全な論文はできません。
出来具合のレベルは半分主義でレポート・論文を完成させることが

一番いいのです。提出時間優先です。20歳の時を思い出して下さい。文章を上手に書けなかったはずです。そのレベルでいいのです。内容のレベルは半分程度、時間優先として、とにかく形を整えキーワードを入れ文章を完成して提出してみることです。

Ⅳ　図書館の活用

1　大学や公立の図書館では根を詰めて考える勉強をしないことです。勉強とは、喫茶店でお茶するようにリラックスした気楽な気分で楽しく資料集めに徹することです。重要箇所はコピーして持ち帰り、書き写すことが重要です。この時に、A3大に拡大コピーしておくと見易くなります。

2　図書館では、文献調査、本収集、研究論文検索後に図書館ランチを楽しめるところもあります。東京都の蔵書数の例として、都立図書館200万冊、区立図書館約30万冊程度になります。区立でも自治体間の横断検索ができ、本を融通して提供しあう時代となりました。どこにいても参考図書に出会えるチャンスは増えてきています。

Ⅴ　卒業論文の準備

1　卒業論文については、先輩方の卒業論文を定期的に手に取り刺激を受けることです。また、『○○白書』や『○○学会』などの行政機関や研究機関の論文も大変参考となります。

2　卒業論文などは、ハードカバーで金文字を入れて製本すれば見栄えのする冊子となり家宝となります。製本業者は大学生協から紹介してもらえます。例として、東京大学前、「コピーインH」では、ハ

ードカバー、厚み35mm以上は分冊、大学マーク可。参考価格は4000円代、簡易2000円代です。分厚い冊子の製本は、作れる機械を置いている業者が限られることから、厚手のものは外注で受けるとのことです。

3　大きな製本業者とは、建築関係の完成図書を扱っている大型コピー店などです。大きな機械が何台もあり建屋も大きいのです。ハードカバーの厚みはいくらでも対応可能なようです。

4　製本した冊子に大学のロゴマークを入れるには、大学生協で製本業者を聞く必要があります。ロゴマークは特殊なため業者は限定されます。ロゴマークの使用許可を大学学生課から取る必要があります。

◀ Ⅵ　健康管理 ▶

1　身体というものは、汗をかくとスッキリするものです。散歩をすれば、約15分経過後から体内で燃焼してくるのが分かり、汗が出始めます。運動すると頭は冴え睡眠時間を短くできます。

2　いくら学習しても倒れることはなく、倒れそうな直前に眠りモードに入ります。時間を有効活用するには、栄養を取り入れて体力のある限り意欲的に学習に取り組むことです。

◀ Ⅶ　その他 ▶

1　大学が企画する外部講師を招聘しての講演会には、極力時間を作って参加することを勧めます。特に、大学教員や教育委員会指導主

事講演会では、教育関係の最前線の話が聞けます。テーマの内容も
最新でお薦めです。大学時代に多くの知識人から話を聞いて刺激を
受けて下さい。どのような講演会であっても講演内容のレジュメな
どの配布資料から講演会の演題に関する構成の仕組みや話の流れが
参考になります。構成が分かれば論文作成において流れも参考とな
り書き方が分かるようになります。

2　通信生とはいえ、時間的に余裕があれば通学課程において学ぶこ
　とも一方法です。

3　大学の空き部屋は事務局から許可を得て使うことができます。正
　科生がいれば学生課などに許可を得て、定期的な会合の会場として
　活用できます。学生間の情報交換は頻繁に行うことが必要です。

Tea Time　大学の歴史⑪

大学の学校数

大学（旧制）／年度（学校数）
　明治10年〈1877年〉（1）、30年（2）、40年
　（3）、大正10年〈1921年〉（18）、昭和10年
　〈1935年〉（45）、25年（80）
大学（新制）／年度（学校数）
　昭和23年〈1948年〉（12）、24年（178）、30
　年（228）、40年（317）

Tea Time　大学の歴史⑫

外国の主な大学の設立年

イタリア／ボローニャ大学	11世紀
イギリス／オックスフォード大学	12世紀
フランス／パリ大学	12世紀
ドイツ／プラハ大学	14世紀
アメリカ／ハーバード大学	17世紀
ロシア／モスクワ大学	18世紀

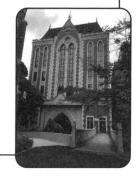

あとがき

　大学において自分の好きな分野について、体系的・論理的に学習してみるのもよいことです。「体系的」とは、自然現象と同様に樹木の根、幹、枝、葉などが分岐して果実を実らせ、一本の大樹になる姿・形で組織立っていることです。幹には関連する枝が出て全体が見えるようになります。「論理的」とは、多くの視点を理路整然と網羅して考えることです。

　大学での学習における「能力を最大限に発揮できる方策」とは、労少なく最大の効果を確実に発揮できることでもあります。誰もが何をするにしても独学で長い時間をかけて学習・経験をしていくうちに、あちらこちらの壁にぶつかりながらも最善の方法を自身で発見し自然と自分から学ぶ力を見出せるものです。しかし、在学年数が限られていることを考えれば、その道で苦労してきた諸先輩から学習方法やレポート・論文の書き方に関する秘訣について話を聞くのもよいことです。

　何度か触れてきましたが、論文書きで一番の手本となり参考となるものは、大学教員の書く論文集『大学紀要』であるといえます。また、国の行政機関発行の『白書』の書物でもあります。この両者から論文の視点・論点、書き方などを学べます。また、今の時代、ニュースにしても人にモノを伝える解説方法は、紙やスクリーン１枚にどれだけの情報量を構造化し図解して見せるかが重要なプレゼンテーションのポイントとなります。その点においては、国の省庁の発信する白書やホームページなどは大変優れています。

　通信生としてのＫ大学時代には、学習時間をつくるために仕事後の帰宅途中に喫茶店で人の視線を感じながら集中して学習してきました。喫茶店には、４年間で1000回以上通ったことになります。このような学習法の話をする機会として、在学生の学習会において卒業生の立場で講演

したことがあります。その後、何年か経った受講生との再会時に、キーワード〔毎日30分以上の学習、専用机の配置など〕が受講生の心に強く残り、脳裏に焼き付いていたことを知り驚きました。受講生には強烈な言葉として印象に残っていたのではないでしょうか。

通信制大学における学習以外での良さについては、幅広い年齢層の老若男女が学内外で親族のように「人対人」として関係していることです。また、それぞれの人同士が異なる経験を踏まえて相互に切磋琢磨できるところにあります。人と人との交流による関わりを通して人としての真のつながりも芽生え、人と関わりながら善く生きることができるようになります。これこそが人間哲学の原点ともいえるのです。

関連して思い出すことがあります。80代の恩師から、「なお学び、学ぶことの終わりのない日々を送っている」との名言がありました。歳老いても人としてこれで終わりという終着点はないのです。また、福澤諭吉著書には、「学問の要は活用にあるのみ。活用なき学問は無学に等し」の記述があります。

本書では、独学による論文の書き方を中心に解説してきました。論文書きのノウハウを身に付けることによって大学卒業後の課題発見力に活かされ、それにより生涯にわたって知的習慣が身に付き心豊かになることと確信しています。

著者

参考図書・資料

- 『高等教育の役割』文部科学省
- 『生涯学習社会の実現』文部科学省
- 『長寿社会における生涯学習の在り方について』文部科学省
- 『大学通信教育基礎資料集　通信教育を実施している大学一覧』文部科学省
- 『学校基本調査』文部科学省
- 『開かれた大学づくりに関する調査』文部科学省
- 『学制百年史』文部省
- 『厚生労働白書　平均寿命と健康寿命』厚生労働省
- 『人生100年時代の社会人基礎力について』経済産業省
- 『我が国産業における人材力強化に向けた研究会』経済産業省
- 『学問のすゝめ』福澤諭吉
- 『憲法』浅井清
- 『大学通信教育課程の内容』私立大学通信教育協会
- 『テキスト科目履修要領』慶應義塾大学通信教育部
- 『レポート課題集』慶應義塾大学通信教育部
- 『科目試験問題』慶應義塾大学通信教育部
- 『ニューズレター慶應通信』慶應義塾大学通信教育部
- 『三色旗』慶應義塾大学通信教育部
- 『科目試験問題』中央大学通信教育部
- 『白門』中央大学通信教育部
- 『東洋通信』東洋大学通信教育部
- 『ToyoNet-G シラバス』東洋大学通信教育部
- 『学びとは何か』今井むつみ
- 『基礎日本国憲法』長谷川日出世
- 『健康寿命を延ばすには』安村禮子
- 『なぜ「大学は出ておきなさい」と言われるのか』浦坂純子
- 『レポート／卒論を書くにあたって』東京大学教育学部
- 『レポート・論文の書き方入門』河野哲也
- 『レポート・論文の書き方上級』櫻井雅夫

- 『はじめてのレポート・論文作成ガイド』東京都立中央図書館
- 『学歴入門』橘木俊詔
- 『大学に行くということ、働くということ』樋口美雄
- 『定年進学のすすめ』花岡正樹
- 『大学進学の機会』小林雅之
- 『キャリアを切り拓く　大学院・大学・通信教育』週刊朝日
- 『大学生のための論文・レポートの論理的な書き方－日本語でアカデミック・ライティング－』渡邊淳子
- 『アカデミック・ライティングの基礎－資料を活用して論理的な文章を書く－』西川真理子
- 『英語論文の書き方入門－ACADEMIC WRITING－』迫桂、德永聡子
- 『英語アカデミック・ライティングの基礎』一橋大学英語科編
- 『Writing　ACADEMIC　ENGLISH』Alice Oshima、Ann Hozue
- 『アカデミック・ライティング－日本文・英文による論文をいかに書くか－』桜井邦朋
- 『書きたいことがすらすら書ける！「接続詞」の技術』石黒圭
- 『文の論理は接続語で決まる　文章が変わる接続語の使い方』沖森卓也
- 『5日で学べて一生使える！　レポート・論文の教科書』小川仁志
- 『文章は接続詞で決まる』石黒圭
- 『文章が一瞬でロジカルになる接続詞の使い方』吉岡友治
- 『文章が劇的にウマくなる「接続詞」』山口拓朗
- 『日本国憲法を対話で学ぼう』吉田泰郎法律事務所
- 『学校の歴史　第四巻大学の歴史』仲新
- 『大学の歴史』岡山茂他訳

（非売品、Web情報を含む）

索　引

【た】行

著者紹介

最上心瑛 （もがみ・しんえい）

《最終学歴》 慶應義塾大学法学部卒業

　　　　　　他大学／工学部卒業、大学院聴講生、文学部科目等履修生

《教員免許》 高等学校（専修工業、数学、公民、書道）など

《職　　歴》 高等学校教諭、指導主事、専攻科（短大同等）主任など

能力を最大限に発揮できる
独学による論文の書き方
2020年5月12日　初版第1刷発行

著　者　最上心瑛
発行者　谷村勇輔
発行所　ブイツーソリューション
　　　　〒466-0848 名古屋市昭和区長戸町4-40
　　　　TEL：052-799-7391 / FAX：052-799-7984
発売元　星雲社（共同出版社・流通責任出版社）
　　　　〒112-0005 東京都文京区水道1-3-30
　　　　TEL：03-3868-3275 / FAX：03-3868-6588
印刷所　モリモト印刷